WAT IS UNITY...

Unity is een **geintegreerde authoring tool voor het** ~~maken~~ **andere interactieve content**, zoals architectonische ~~visualisaties of realtime 3D~~ animaties. Unity3D is vergelijkbaar met Director, Blender game-engine, Virtools of Game Builder in de zin dat de geintegreerde grafische omgeving de primaire methode van ontwikkeling is.**De editor werkt op Windows en Mac OS X.**

Door gebruik te maken van sprites en andere 3D naar 2D-technieken, is het ook mogelijk om **2D games of andere interactieve 2D toepassingen te ontwikkelen** (met GPU-hardwareacceleratie) .

Unity3D ondersteunt development met **drie scripting talen: JavaScript, C# en een dialect van Python** genaamd Boo. Alle drie zijn even snel en kunnen samenwerken. Alle drie kunnen gebruik maken van. NET bibliotheken die databases, reguliere expressies, XML, netwerken etc. ondersteunen.

Unity heeft de belofte van **'een keer maken - overal publiceren'** en is op dit moment de enige echte complete oplossing waarmee men crossplatform 3D games en applicaties kan creeren.

Met Unity3D kan men games of applicaties ontwikkelen voor **Windows, Mac, iPad, iPhone of Andoid platforms**. Ook **browser games** die gebruik maken van de Unity internet plugin, ondersteund op Mac en Windows kunnen worden gemaakt. De web-player wordt ook gebruikt voor de inzet als Mac-widgets. Ondersteuning voor de Wii, Xbox 360 en PlayStation 3 zijn onlangs toegevoegd.

WAT KUNNEN WIJ VOOR U DOEN ...

WyrmTale Games is een Nederlands bedrijf dat op een professionele manier werkt met Unity3D. Wij zijn **bedreven in het gebruik van de Unity editor en de verschillende aspecten van de Unity3D Engine**. Wij hebben **vele jaren programmeer ervaring met C# /. NET en JS**. We hebben **uitgebreide kennis van diverse populaire Unity plugins en componenten** zoals SpriteManager2 en Vectrosity. Wij doen hard ons best om componenten te produceren die Unity3d ontwikkelaars kunnen ondersteunen bij het maken van hun applicaties en die het ontwikkelproces versnellen.

Oftwel ... Voor **professionele Unity3D development in Nederland** bent u bij ons aan het juiste adres.

U zou ons in kunnen huren voor zaken als :

Het ontwikkelen van een cross platform 3D game of applicatie.
Het geven van Unity3D training - scripting / editor.
Development van scripted prefabs voor uw Unity games.
Het ondersteunen bij programmeren van uw 3D game of applicatie.
Het ontwikkelen van een 2D hardware accelerated game voor een mobiel apparaat.
Het maken van een 3D produkt viewer voor een online winkel.
Development van dynamische en interactieve ervaringen.
Het maken van uw serious, casual of social (3D) games
http://unity3d.com/

Game Maker

Wil je games maken zonder perse eerst ontelbare uren te leren programmeren? Dan is GameMaker het antwoord voor jou. Met GameMaker kun je in korte tijd de leukste spellen maken zonder een programmeertaal te beheersen!

Snel en makkelijk

Game Maker wordt voornamelijk ingezet voor snelle 2D/3D prototypes, maar doet niet onder voor andere game engines. GameMaker richt zich vooral op het maken van 2D spellen, maar heeft tegenwoordig ook 3D mogelijkheden! Een van de meest voorkomende type games zijn de zogenoemde side-scrollers, zoals Super Mario.

Meer weten over Game Maker? Check: http://www.yoyogames.com

Zelf een game maken

Wil je kind zelf een game maken? Er zijn verschillende softwarepakketten waarmee dat kan.

Met een soort virtuele 'legodozen' kun je zelf games samenstellen zonder dat je hoeft te kunnen programmeren. En je kind leert er veel van: logisch denken, creativiteit, conceptueel denken, meetkunde, maar ook het tekenen van animaties en het produceren van gamesounds.

De handigste tools om zelf een game te maken:

Gamemaker is een aanbevelenswaardige tool om thuis of op school games te maken. Met een symbolentaal stel je je eigen game samen. Er is rond dit pakket veel (Nederlandstalig) lesmateriaal te vinden en op www.game-maker.nl is een Nederlandstalige community actief. Er is een gratis versie en er zijn betaalde versies voor (semi-)professionele gamedesigners die games willen maken voor websites of voor de Ipad.

Scratch is ontwikkeld door MIT en is net als Gamemaker erg toegankelijk. Het heeft ook een eigen symbolentaal waarmee je je eigen games bouwt (programmeert). Hoewel je geen programmacode nodig hebt, zul je je als ouder toch moeten verdiepen in hoe het werkt. Dit kan met de vele tutorials die er zijn, in het Engels en Nederlands. Scratchweb ontwikkelt lesmateriaal voor Scratch en organiseert ook af en toe workshops.

Alice3D: Waar Gamemaker en Scratch geschikt zijn voor het maken van 2d games, is Alice3d bedoeld voor het maken van 3D games. Verwacht niet de pracht van je XBOX of Playstation 3D games, zo 'krachtig' is Alice3D niet. Maar je kunt er wel echte 3D-games mee maken. Het werken met 3D heeft voor- en nadelen. 3D is leuk en aantrekkelijk, maar het bouwen van 3D is een stuk ingewikkelder dan het bouwen van 2D-games. Toch zijn er zelfs basisscholen die met Alice3D werken. Er is een Nederlandstalige community van gebruikers en scholen.

Gamestudio is speciaal ontwikkeld voor de website van Het Klokhuis (NTR) en nog gemakkelijker te gebruiken dan Gamemaker of Scratch. Het is een van de weinige tools die je goed met jongere kinderen kunt doen (vanaf ongeveer 6-7 jaar). De eenvoud is tegelijkertijd ook de beperking: je kunt er alleen maar bepaalde actiegames mee maken. Het is leuk voor een korte workshop van een middag, maar als je langer met games aan de slag wilt, ben je aangewezen op andere software.

Gamesalad is een relatief nieuwe speler in de gamebouwwereld. Dit is software waarmee je games kunt maken voor bijna alle platformen: PC, MAC, Android, HTML5, Ipod, Ipad, enzovoort. Het werkt zonder code, maar met drag en drop functies. Nadeel is dat al het lesmateriaal en de community Engelstalig zijn. De software is nog heel jong (nog in betafase). Mede daarom is dit nog niet het moment om Gamesalad te gaan gebruiken. Het is wel de moeite waard om de tool in de gaten te houden.

Tips voor het kiezen

Er is nog veel meer software te vinden voor het maken van games. Mocht je een ander pakket dan een van bovenstaande overwegen, let dan op de volgende punten:
Is er (Nederlandstalig) lesmateriaal en is er een actieve community van gebruikers?
Bestaat de software al een tijd en zijn er regelmatig updates (geweest)?
De prijs: veel software is gratis, zodat voor gebruik op school of thuis betaalde gamesoftware eigenlijk niet nodig is.
Staar je niet blind op de mogelijkheden. Het is leuk als je met een bepaalde tool games kunt maken van professionele kwaliteit, maar in de praktijk zul je dat niveau nooit bereiken door gebrek aan tijd en kunde. Kies liever voor gamebouw-software die makkelijk onder de knie te krijgen is. De ambitieuze tiener die gamedesigner wil worden als hij groot is (en daar zijn er veel van), komt later wel aan zijn of haar trekken met software als Unity3d of the Unreal Engine.

Cursussen

Jongeren zijn handig met de computer en de kans is groot dat ze zelf al een heel eind komen, bijvoorbeeld door tutorials op You Tube te volgen. Toch komt er een moment dat ze hulp nodig hebben, afhankelijk van leeftijd, niveau en gameambitie van het kind. Dan is het wel handig – zeker voor leerkrachten – als je zelf een goede basis hebt. Voor Gamemaker, Scratch en Alice3d zijn er regelmatig cursussen:
Bij Gamescool kun je een cursus volgen speciaal voor PO- of VO-docenten.
Scratchweb heeft bijeenkomsten voor het leren van Scratch.
Gamemaker4school heeft kant en klaar lesmateriaal voor leerlingen PO en VO (boeken).
Bij LOIkidz (8-12 jaar) kunnen je kinderen zelf een online cursus 'Games bouwen' volgen.
Gameskool (vanaf 13 jaar) biedt ook een online cursus gamedesign, voor wat oudere kinderen.

3D voor websites, video's, slideshows etc.

Met **MAGIX 3D Maker 7** maakt u uit teksten en vormen naar keus moeiteloos hoogwaardige 3D-afbeeldingen en -animaties. Een veelheid aan ontwerpen en sjablonen in allerlei stijlrichtingen en de intuïtieve realtime-bewerking met begrijpelijke gereedschappen zorgen daarbij in een mum van tijd voor professionele resultaten.
Ideaal voor
knoppen & logo's voor websites

Geanimeerde teksten in video's & slideshows
Artistieke belettering op foto's
Als aanvulling op tekstverwerkings- en presentatieprogramma's etc

Waarom SketchUp zo geweldig is!

Informatie over nieuwe functies in SketchUp 8.

Alles wat u moet weten over lijnen en vlakken:

Elk SketchUp-model bestaat uit slechts twee elementen: lijnen en vlakken. Lijnen zijn rechte lijnen en vlakken zijn de 2D-vormen die worden gemaakt wanneer meerdere lijnen een platte vorm maken. Een rechthoekig vlak wordt bijvoorbeeld begrensd door vier lijnen die zijn verbonden door rechte hoeken. Om modellen te bouwen in SketchUp, tekent u lijnen en vlakken met behulp van enkele eenvoudige gereedschappen die u in korte tijd kunt leren gebruiken. Zo simpel is het.

Duwen/trekken: snel van 2D naar 3D gaan

Vergroot elk plat oppervlak naar een driedimensionale vorm met het gepatenteerde gereedschap Duwen/trekken van SketchUp. Om te vergroten, hoeft u alleen te klikken, uw muis te verplaatsen en opnieuw te klikken om te stoppen. U kunt een rechthoek door middel van Duwen/trekken veranderen in een doos. Daarnaast kunt u ook de omtreklijn van een trap tekenen en deze naar 3D Duwen/trekken. Wilt u een raam maken? Gebruik Duwen/trekken om een opening in de muur te maken. SketchUp is bekend vanwege zijn gebruiksgemak en Duwen/trekken is hiervan de reden.

Nauwkeurige metingen: werken met precisie

SketchUp is een uitstekend programma waarmee u snel en vlot kunt werken in 3D, maar het is veel meer dan een leuk elektronisch potlood. Omdat u met een computer werkt, krijgt alles wat u in SketchUp maakt een nauwkeurige afmeting. Wanneer u klaar bent, kunt u modellen bouwen die zo nauwkeurig zijn als ze moeten zijn. Als u wilt, kunt u geschaalde weergaven van uw model afdrukken, en als u over SketchUp Pro beschikt, kunt u zelfs uw geometrie exporteren naar andere programma's zoals AutoCAD of 3ds MAX.

Volg mij: complexe vergrote en gedraaide vormen maken

U kunt het innovatieve, allesomvattende gereedschap Volg mij van SketchUp gebruiken om 3D-vormen te maken door 2D-oppervlakken via een vooraf bepaalde manier te vergroten. Vorm een gebogen pijp door een cirkel te vergroten langs een L-vormige lijn. Maak een fles door de helft van zijn omtrek te tekenen en vervolgens het gereedschap Volg mij te gebruiken om deze rond een cirkel te leggen. U kunt Volg mij zelfs gebruiken om randen van leuningen, meubilair, elektronische gadgets, enz. af te ronden.

Verfpot: kleuren en texturen toepassen

U kunt het gereedschap Verfpot van SketchUp gebruiken om materialen, zoals kleuren en texturen, op uw model aan te brengen.

Groepen en componenten: slimmere modellen bouwen

Door delen van de geometrie in uw model "samen te plakken" om groepen te vormen, kunt u subobjecten maken die gemakkelijker kunnen worden verplaatst, gekopieerd en verborgen. Componenten lijken veel op groepen, maar dan met een handig extraatje: kopieën van componenten zijn onderling verwant, zodat wijzigingen aan één component automatisch worden weerspiegeld in alle andere componenten. Dit werkt door in ramen, deuren, bomen, stoelen en miljoenen andere zaken.

Schaduwen: schaduwstudies uitvoeren en realisme toevoegen

Met de krachtige realtime schaduwmachine van SketchUp kunt u nauwkeurige schaduwstudies op uw modellen uitvoeren.

Doorsneden: binnen in uw modellen kijken

U kunt de interactieve functie Doorsneden van SketchUp gebruiken om tijdelijk delen van uw ontwerp weg te knippen, zodat u binnenin kunt kijken. U kunt doorsneden gebruiken om orthografische weergaven (zoals plattegronden) te maken, om geometrie te exporteren naar CAD-programma's met SketchUp Pro of om gewoon een beter zicht op uw model te krijgen terwijl u eraan werkt. Met de functie Scènes van SketchUp kunt u doorsnedevlakken verplaatsen, draaien en zelfs van animaties voorzien.

Scènes: weergaven opslaan en animaties maken

Wij hebben Scènes gemaakt om u de mogelijkheid te bieden nauwkeurige weergaven van uw model gemakkelijk op te slaan, zodat u ze later opnieuw kunt oproepen. Wilt u een animatie maken? Dan hoeft u slechts enkele scènes te maken en op een knop te klikken.

Rondkijken en -wandelen: uw creaties rechtstreeks verkennen

Met SketchUp kunt u uw model binnengaan met behulp van enkele eenvoudige navigatiegereedschappen die u een eerste-persoons-weergave bieden. Klik op Camera plaatsen om op een willekeurige plaats in uw model te "staan" Gebruik Rondkijken om uw virtuele hoofd te draaien. Schakel tot slot over naar Wandelen om uw creatie te voet te verkennen. U kunt zelfs trappen en hellingen beklimmen en afdalen, net alsof u een videospel speelt.

Afmetingen en labels: informatie toevoegen aan uw ontwerpen

U kunt de supereenvoudige gereedschappen Afmeting en Label gebruiken om afmetingen, aantekeningen en andere belangrijke details aan uw werk toe te voegen.

De trainer: snel leren

Het dialoogvenster Trainer van SketchUp kan op elk ogenblik worden geopend en biedt contextafhankelijke hulp.

Lagen en de Structuur: georganiseerd blijven

Wanneer u een groot, complex model bouwt, kunnen zaken heel snel onoverzichtelijk worden. SketchUp biedt twee nuttige manieren om uw geometrie beheersbaar te houden:

Google Earth: uw modellen in hun context bekijken

SketchUp en Google Earth maken deel uit van dezelfde productfamilie. Dit betekent dat u gemakkelijk informatie tussen de twee toepassingen kunt uitwisselen. Een bouwlocatie voor uw project nodig? Met één klik op de knop kunt u een geschaalde luchtfoto, inclusief de topografie, rechtstreeks importeren van Google Earth naar SketchUp. Wilt u uw SketchUp-model in context zien in Google Earth? Klik op een andere knop en het is gebeurd. Iedereen kan SketchUp gebruiken om modellen te bouwen die voor iedereen in Google Earth zichtbaar zijn.

Zandbakgereedschappen: werken op het terrein

Met de zandbakgereedschappen van SketchUp kunt u 3D-terreinen maken, optimaliseren en wijzigen. U kunt een vloeiend landschap maken op basis van een reeks geïmporteerde omtreklijnen, bermen en valleien toevoegen voor afvloeiing en een bouwvlak en oprit maken.

3D Modellen: modellen vinden van bijna alles wat u nodig heeft

3D Modellen van Google is een gigantische, online opslagplaats van 3D-modellen waarin u kunt zoeken wanneer u iets nodig heeft. Waarom zou u zelf iets bouwen wanneer u het gratis kunt downloaden?

3DS importeren: maak een vliegende start bij uw modellering

U kunt 3DS-bestanden rechtstreeks in uw SketchUp-modellen importeren. Heeft u een meubelstuk in 3DS-indeling dat u wilt gebruiken? Importeren en gebruiken maar!

Afbeeldingen importeren: muren schilderen met foto's

Met SketchUp kunt u afbeeldingsbestanden importeren, zoals JPG's, TIFF's, PNG's en PDF's. U kunt ze afzonderlijk gebruiken (als een soort poster), maar u kunt ze ook op oppervlakken plakken om fotorealistische modellen van gebouwen, verpakkingsontwerpen en meer te maken.

TIFF, JPEG en PNG exporteren

Met SketchUp kunt u rasterafbeeldingen tot 10.000 vierkante pixels exporteren.

Hierdoor wordt een afbeelding gegenereerd die u in een e-mail kunt verzenden, in een document kunt publiceren of op een muur kunt projecteren. Hiervoor hoeft u alleen enkele opties te kiezen en op 'Exporteren' te klikken.

Blender

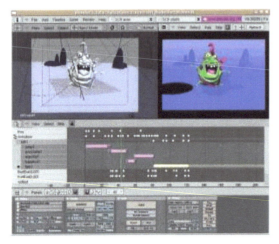

Een van de meest uitgebreide 3D-pakketten op de markt

Blender is een gratis programma voor het maken van animaties, 3D-modellen en effecten. De software is volledig open source, dus gratis te distribueren of aan te passen.

Op het gebied van 3D-modellering is een hoop software beschikbaar. Enkele voorbeelden zijn Cinema 4D en Google's Sketchup. Blender is stukken uitgebreider en bovendien gratis. Desalniettemin maak je de mooiste effecten, modellen en zelfs engines (softwarematige motors) voor games.

Blender heeft als hoofdfuncties onder andere animatie, modellering, rendering (het opbouwen en opslaan van animaties in een model), rigging (het bouwen van 'skeletten' voor modellen) en shading (toevoegen van licht, textures, etc.). De mogelijkheden zijn vrijwel onbeperkt, je hebt alleen wat hulp nodig bij het gebruik van de software.

De interface van Blender doet denken aan die van een fotobewerkingsprogramma, deze keer met een extra dimensie: diepte. Het vergt wat oefening om alle trucjes te leren, op internet vind je een schat aan behulpzame websites. Kijk voor meer informatie onder het tabblad 'Extra's' bij deze recensie.

Blender is één van de best ondersteunde pakketten voor 3D-animatie. De community is ontzettend groot, het aantal beschikbare weblessen ook.

Toegegeven, het programma is vooral bedoeld voor professionele (3D-)designers, maar met flinke oefening staat er binnen een week een prachtige banaan op je scherm. Of iets anders van je goesting.

Autodesk 3ds Max

Software voor professionele 3D-modellen en animatie

Autodesk 3ds Max (vroeger ook wel 3D Studio Max genoemd) is één van de meestgebruikte programma's voor 3D-modellering en het ontwerp van onderdelen voor games.

Heb je ooit een computerspelletje in 3D gespeeld dan is de kans groot dat de gebruikte modellen uit Autodesk 3ds Max zijn gerold. De software bevat een uitgebreide studio waar ontwerpers in diverse werkgebieden hun creaties tot leven laten komen. Autodesk 3ds Max bevat alle instrumenten voor het modelleren, animeren en uiteindelijk renderen (genereren) van objecten, met prachtige modellen als resultaat. Autodesk 3ds Max bevat diverse subprogramma's voor het creëren van modellen in een scène, waaronder de uitgebreide 'Character Studio'. Voorheen betrof dit een plugin voor de software. De studio helpt je bij het animeren van virtuele karakters, met krachtige tools die precisie tot het virtuele bot bieden (het maken van virtuele skeletten is dan ook geen probleem). De vele gereedschappen zijn perfect voor gamedesigners, maar ook architecten hebben baat bij dit professionele pakket. **Dit is één van meest uitgebreide pakketten voor 3D-design en daardoor perfect voor professionals. Het laat gratis alternatieven als Blender ver achter zich maar kost dan ook een flinke duit. Beginners proberen eerst Blender of het eveneens kosteloze Anim8or uit. Heb je echter ervaring met 3D design, dan is er vrijwel niets beter dan Autodesk 3ds Max.**

Game development

De Game Developer is de architect van de game. Jij bouwt games en combineert grafische, audiovisuele componenten en animaties tot een perfect werkende game. Hier en daar zal je als brug fungeren tussen Art & Design, maar je kan met scriptjes ze tegemoet treden en met zijn allen de game tot leven zien komen op de iPad, iphone, web, PC, Mac, Xbox, of PS3.

Unity 3D

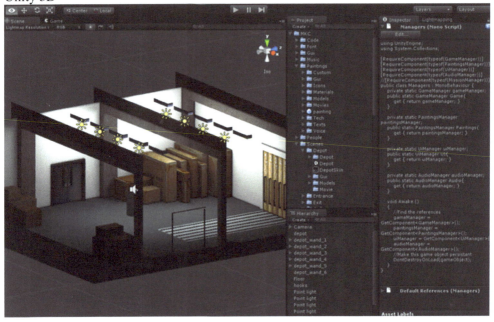

Sinds 2009 gebruiken wij voor al onze interactieve projecten Unity 3D. Unity is een complete ontwikkelomgeving voor het maken van geavanceerde 3D spelen en andere interactieve producten zoals architectonische visualisaties of historische simulaties. Game engines zoals Unity worden bij vrijwel elk modern spel toegepast en besparen erg veel tijd in het ontwikkel traject en de support na de release.
Een voordeel van Unity: op elk moment kan het project getest worden door op de Play-knop te. Tijdens het testen van het project is het mogelijk "live" onderdelen van de spelwereld te wijzigen. Zo kan bijvoorbeeld de kleur of intensiteit van de verlichting gewijzigd worden, geluidseffecten toegevoegd of verwijderd of de stijl van de gebruikers-interface aangepast worden.
Unity is een multiplatform authoring tool. Dat houdt in dat we met Unity producten kunnen ontwikkelen die geschikt zijn voor het web, PC en Apple computers en mobiel platformen zoals de iPhone, iPod, iPad en Android smartphones.

Business & strategy - Big fun

Hollandse game-industrie is booming

De game-industrie wordt volwassen. Nederlandse bedrijven bestormen de wereldmarkt met succesproducten gemaakt door losse werkverbanden van creatievelingen. Het verhaal van fanatieke dromers met virtuele kaskrakers. Krrrráákk! Met zijn kolossale vuist verpulvert de eenogige Yeti de schedel van zijn belagers. Het zijn kleine ettertjes die minions en ze hebben het gemunt op het schattigste zeehondje ooit. Zoiets laat niemand koud. Zeker geen behaarde cycloop met Mr.T-kapsel, King Kong-afmetingen en handen als sneeuwschuivers. Game-ontwikkelaar Lennart Sas (34) lacht zelf vrolijk om de 3D-animatie en screenshots van Overlord 2. En daar heeft hij alle reden toe.

De locatie is Triumph Studios in Delft. In een oud ziekenhuis aan de spoorlijn Amsterdam-Rotterdam bedachten Sas en compagnon Arno van Wingerden vier jaar geleden het plan voor de ontwikkeling van wat nu één van de succesvolste videospellen uit de jonge Nederlandse gamegeschiedenis blijkt te zijn: Overlord. Ruim een miljoen exemplaren zijn er van dit satirisch epos - winnaar van de Dutch Game Awards 2008 - sinds de lancering in 2007 de schappen uitgevlogen.

Alleen Guerilla Games (onderdeel van Sony) uit Amsterdam heeft met het triple A-spel Killzone, een militaire shooter, wereldwijd meer exemplaren verkocht dan de autonome Delftenaren. Naar verluidt 5 miljoen computerspelletjes, de grootse klapper tot nu toe. Ook het paardenspel My Horse & Me van het Hollandse W!Games (door Atari uitgebracht voor de Wii-console) wordt platinapotentie toegedicht

----

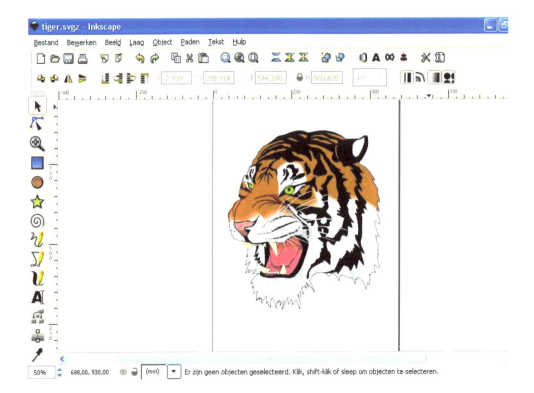

Inkscape

Inkscape is een vector tekenprogramma.

Het heeft ongeveer dezelfde mogelijkheden als Illustrator, Freehand, CorelDraw, of Xara X.

OS : Win/Linux

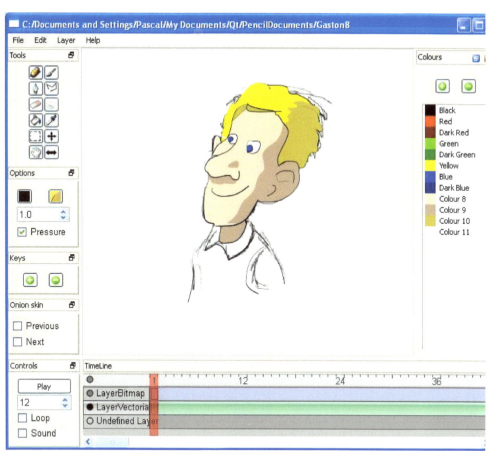

Pencil

Met pencil kun je eenvoudige manier leuke tekeningen en animaties maken.

OS : Win/Linux/Mac OsX

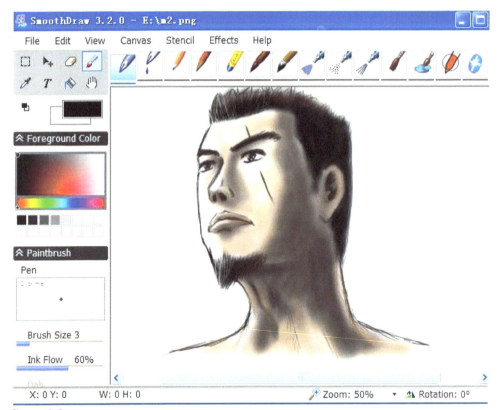

Smoothdraw

Smoothdraw is een tekenprogramma voor het maken van digitale tekeningen.
Met deze software kun je digitale afbeeldingen van een hoge kwaliteit produceren.
Smoothdraw werkt uitstekend samen met tekentablets.
OS: Windows + .Net 2.0

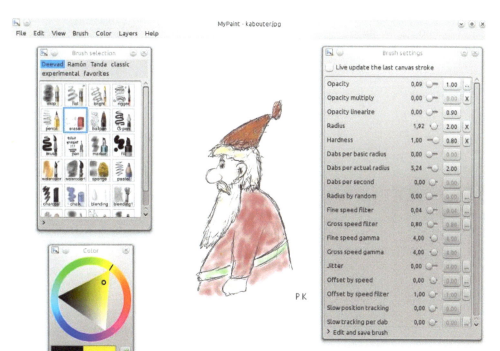

myPaint

MyPaint is een tekenprogramma dat speciaal is ontworpen voor de digitale tekenaar.
Het programma heeft een veel bruikbare brushes.
MyPaint werkt zeer goed met tekentablets.

Blender 2.63 RC1: Excellent 3D modeling program

Blender 2.63 RC1: Excellent 3D modelleren programma

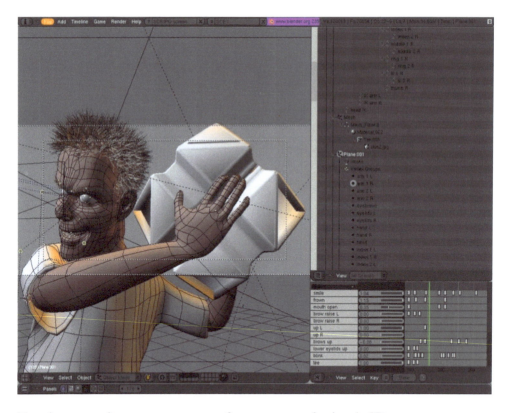

Een nieuwe versie van open source software voor professionele 3D ontwerp en animatie Blender 2.63 RC1 . Blender 3D is een volledig functionele pakket dat een bevat veel functies - modelleren met polygonen, NURBS, ondergronden en anderen, texturen, scanline renderer.. Biedt prachtige kansen ingebed Game Engine. Het kan korte presentaties en eenvoudige spelletjes te publiceren op het web, met behulp van speciale Blender 2.63 RC1 plug-in.

U kunt scripts schrijven in Python, de "intelligentie" van de spellen geven of om de functionaliteit van de werkelijke Blender uit te breiden. Het programma omvat de belangrijkste video-editing -mogelijkheden (Video volgorde bewerken). Blender 2.63 RC1 is een krachtig programma gewijd aan het creëren van 3D-beelden en animaties. Het biedt vele mogelijkheden op het gebied van modellering, rendering, animatie, post-productie en 3D product creatie. Het heeft ook een kijker om het definitieve ontwerp te zien. Gemaakt met meer dan 20 professionals, Blender 2.63 RC1 is een uitstekende gratis voorstel binnen het gebied van het modelleren die u zullen verrassen velen. Het programma ondersteunt JPG, Iris, TGA, SGI, IFF en Inventor.

16

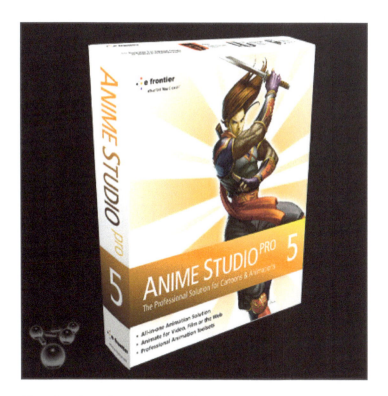

3D animatie software: 3D Studio Max, Maya, Lightwave, Blender, Anim8tor, Swift 3D Foto animatie software: iStopMotion, Morpheus. In de volgende regels zal ik detail maar een software van elke categorie. Maar je kan er informatie over alle van hen op www.animationprograms.biz.

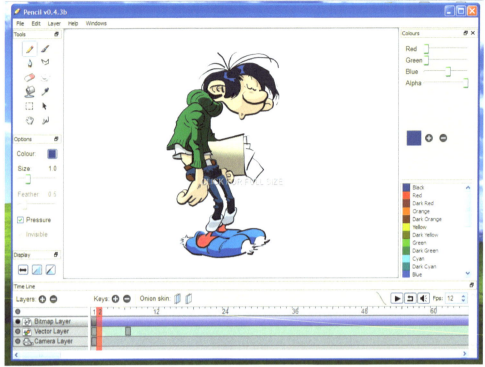

Toon Boom Studio 4 is een rijke **animatie software** met alle mogelijke functies die beschikbaar zijn. De interface is een beetje opgewaardeerd te vergelijken met de vorige versies, maar het biedt nog steeds dat vertrouwd en comfortabel gevoel van old-school animatie gemaakt van potlood en papier tekeningen, nu overgebracht op de computer monitor, het uitvoeren van een charmante en comfortabele overgang voor de traditionele animators. Er is een lastig - de stekker in verbeteringen kan een beetje moeilijk om te leren en het kan je wat tijd totdat je onder de knie hen, maar het is de moeite waard het wachten en de inspanning van het leren van iets geheel nieuws: de resultaten zullen zijn spectaculair. U kunt deze software gebruiken om animatie films die u kunt publiceren op het internet, omdat het maakt het mogelijk om animaties films in flash of HTML-formaat te produceren. Deze software is in staat om zowel traditionele als meer geavanceerde, futuristische animatie. Het staat u toe om heel wat middelen. Deze nieuwste versie biedt ook een aantal unieke kenmerken van de borstel vormen en gevederde randen. De tijdlijn is nu verbeterd en heeft geleden een ernstige upgrade. Tot slot beveel ik deze software voor de mensen die nog steeds missen Walt Disney 's cartoons sfeer, maar willen meer geavanceerde tools. 3D Studio Max is voornamelijk gebruikt bij de productie 3D-video-games, maar sommige bedrijven gebruiken echter ook in het produceren van films en televisieprogramma's . Het biedt u modellen te werken aan om de beste 3D-animatie kunt u eventueel wilt krijgen. Maar de beste kenmerken en degenen die het gemaakt, zodat eiste over de hele wereld zijn de talloze plug-ins beschikbaar. Sommigen van hen zijn spectaculair en kunt u indrukwekkende visuele effecten, zoals de volumetrische rook of de beweging van vloeistoffen te verkrijgen. Dit was de eerste animatie software die manier konden de gebruikers om de resultaten van hun animaties om te zetten in Flash films.

Wat voor foto **animatie software** het beste voorbeeld is Morpheus. het is niet alleen
een unieke voorbeeld van foto animatie software, maar een hele reeks van versies. U
vindt het als shareware op het internet, dat is dat je het kunt gebruiken voor gratis
gedurende een periode van dertig dagen gratis proefperiode, met de mogelijkheid tot
aankoop van het later, als het je overtuigd van zijn kwaliteiten. De software is
compatibel met alle versies van Windows en ondersteunt verschillende talen, niet
alleen het Engels. Morpheus is gemakkelijk en veilig te installeren op uw computer en
biedt u verbazingwekkende animatie tools voor de foto's op uw computer. De versie
Morpheus Photo Morpher wordt gebruikt voor speciale effecten in animatie films. Het
helpt u te transformeren van een persoon of een voorwerp in een andere een of zelfs
een combinatie van twee dingen op een interessante manier recht voor je, met
spectaculaire resultaten. Deze samengevoegde foto's worden verder gebruikt om
animatiefilms te verkrijgen in verschillende formaten. De software is eenvoudig te
gebruiken en je kunt het thuis gebruiken, zonder een specialist. Alles wat je nodig
hebt is twee digitale foto's en deze creatieve software. Het resultaat lijkt te worden
gecreëerd door speciale effecten professionals rechtstreeks uit Hollywood.
Bijvoorbeeld combineert u de foto van een meisje met die van een pup en krijg een
interessante combinatie, een sprookje karakter half kind half hond. De nieuwste versie
van Morpheus Photo Morpher bevat geen spyware of andere bedreigingen van uw
computer, zodat u het kunt downloaden zonder een probleem of angst.

19

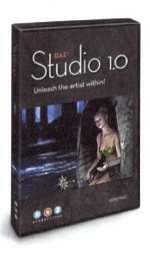

Dus dit zijn slechts een paar voorbeelden van animatie software die u kunt gebruiken
om ofwel de beste resultaten voor het produceren van cartoons, videogames en zelfs
commercials. Ze verschillen en met verschillende niveaus van complexiteit en
bijzonderheden. Het enige wat je hoeft te doen is zoeken en vinden van de beste voor
u en uw behoeften, de software die u en uw doeleinden past.

Real-time 3D-animatie & video productie - iClone5

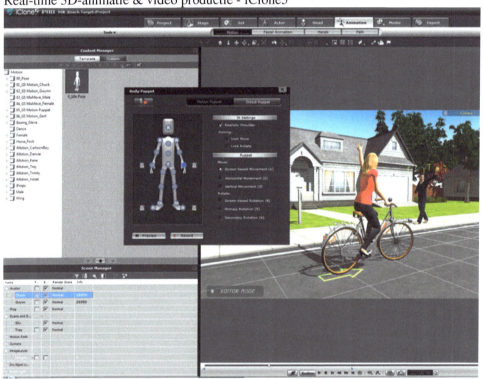

3D animatie programma, iClone, heeft haar nieuwste versie 5.3 met een aantal nieuwe
updates, van ontwikkelaars Reallusion. iClone kunt u verbluffende 3D-animaties te
maken, hetzij vanuit het niets of heeft u de mogelijkheid om te werken vanuit

verschillende templates of pre-en-klare ontwerpen.

Deze laatste versie bevat een aantal nieuwe functies, waaronder Naadloze Motion Connection, het creëren van meer vocht, levendige en realistische bewegingen met uw 3D-personages, en Ambient Occulism, een verlichting functie in het programma dat een schat aan realisme toevoegt aan uw ontwerpen. De aandacht voor detail met iClone-functies zijn wat maakt het een ideaal programma voor 3D-animatie, en is de moeite waard om de tijd om de 30 dagen gratis proberen verkennen en te kijken of het de juiste keuze van de software voor u.

Geloof ons, moet u de openbare terechtzitting om een groot deel van de aandacht als de volledige software klokken een prijs in de regio van $ 80 voor de Standard-versie en $ 200 voor de Pro-versie, dus zorg ervoor dat je weet wat je krijgt. Er zijn andere opties voor de software, maar ze komen niet met zo veel functies. Er is ook een groot deel van de add-on tools en inhoud die beschikbaar zijn vanaf Reallusion, als u op zoek bent naar de software mogelijkheden, maar deze, natuurlijk, komen niet vrij uit te breiden. Als gevolg hiervan iClone beperkt de gebruikers animatie professionals en grotere bedrijven die de software zou gebruiken.

iClone 5.3 is een indrukwekkend stukje software en het is de moeite waard de gratis proefperiode op zijn minst. Als u werkt op het gebied van 3D-ontwerp en animatie dan iClone is zeker iets van belang.

Poser 8 is een Mac 3D animatie software product van Smith Micro Inc die speciaal is ontworpen voor het creëren van 3D-personages. Het wordt geleverd in een Mac fysieke, Windows fysieke of hybride fysieke compatibele versie. Het komt ook in een Pro editie van 2010 ook. Er zijn ook add-ons beschikbaar om het programma nog krachtiger te maken, met inbegrip van fysica en Puppet Master tegen een kostprijs, natuurlijk.

Deze software is een meer geavanceerde 3D animatie software programma dan Cheetah3D 5 of Kinemac met de nadruk op het creëren van realistische scènes voor web, print en film projecten. De interface wordt gedetailleerd en biedt een aantal geweldige functies voor het bouwen van personages uit het skelet of gebruiken van een bestaande bibliotheek van kant-en-vormen tekens, maar de interface kan verwarrend zijn voor beginners en vereist iets van een leercurve. Samen met zijn coole functies en mid-range prijs, de systeemvereisten zijn een beetje strenger zijn dan de Cheetah of Kinemac, die twee keer het RAM-geheugen van Kinemac plus 2 GB vrije schijfruimte minimaal. Dit programma is niet voor zwakke computers, dus zorg ervoor dat uw machine is aan de taak. Het programma is zeer geschikt voor kunstenaars, hobbyisten, illustratoren en animatoren die willen de toegevoegde tools van 3D animatie software.

Enkele van de belangrijkste kenmerken van dit programma zijn onder meer Quick Start, aangepaste personages, Lip synchronisatie, eenvoudige animatie, rendering Styles en 3D voor alle toepassingen. Er is ook een georganiseerde inhoud bibliotheek die u toelaat om trefwoord zoeken door middel van artikelen en vervolgens slepen en daar neer in uw scènes.

Eigenschappen:

U kunt Mac 3D animatie software te gebruiken om kunst te maken voor elke toepassing, zoals grafische en web ontwerpen , beeldende kunst en illustratie, storyboards, medische illustraties, architectonische vormgeving en stripboeken om er maar een paar te noemen. De nieuwste versie komt met een nieuwe en verbeterde interface, 8 gloednieuwe kant-en-vormen menselijke figuren, Cross Body Part Morph Tool, een verbeterd tuigage systeem voor een betere buigen van nieuwe cijfers en indirecte verlichting voor globale verlichting effecten.

Talk Designer is een tool die u toelaat de mogelijkheid om uw cijfers spreken te maken door het creëren van lip, hoofd-en oogbewegingen tot ingevoerde geluidsbestanden overeenkomen net als lip synchronisatie met uw favoriete muzikant. Walk Designer is een automatische tool die gebruik maakt van klik-en-sleep keyframing om alles in de scène animeren in een keer.

U kunt bouwen scènes met kant-en-klare content, te kiezen uit man, vrouw, kind of dierlijke figuren en rekwisieten, haar, kleding en nog veel meer. Poser maakt het ook mogelijk het creëren van unieke personages met foto in kaart brengen of het wijzigen van de functies, de leeftijd en etniciteit van de bestaande personages.

Het programma heeft de Firefly render engine in staat is het creëren van fotorealistische, schets, spotprent, silhouette, en Flash stijlen. U kunt het oppervlak detail ook toevoegen op dit niveau zonder extra geometrie of modellen met normale mapping. De globale verlichting effecten kunt u foto's maken met inter-object sfeer en luminantie met behulp van gereflecteerd licht en kleur met indirecte verlichting en Irradiance Caching.

Gebruiksgemak:

Dit programma is voor een intermediair of gevorderde gebruiker. Het biedt een aantal geweldige functies om zeer gedetailleerde geanimeerde karakters te maken, maar met dat detail komt een complexiteit die is een beetje overweldigend voor een beginner.

Compatibiliteit:

Met dit programma kunt u 3D-figuren te creëren om te gebruiken in andere toepassingen. Maak scripts voor meer robuuste derden en add-on functies die continu kan lopen en worden geïntegreerd in de software met behulp van wxPython ondersteuning.

Help & Support:

Van alle softwareprogramma's beoordeeld op deze site, Poser 8 heeft waarschijnlijk de meeste opties met betrekking tot hulp en ondersteuning, ook al zijn ze niet de meest gebruiksvriendelijke voor beginners. De website biedt een blog en gebruikersforum voor het delen van informatie en het verkrijgen van de laatste tips en nieuws. Het bevat ook de meest volledige contactgegevens van alle software, met inbegrip van e-mail adressen, faxnummer en postadres. Er is een nieuwsbrief en updates te downloaden beschikbaar. U kunt de aankoop van de software via de winkel zowel online als toegang online help formulieren of gebruik telefonische ondersteuning. Voeg daar nog een handleiding en tutorials en je hebt een mooie uitgebreide ondersteuning systeem.

Samenvatting:

Algemeen, Poser 8 is zeer geschikt voor de gemiddelde tot gevorderde gebruikers met de juiste apparatuur voor het uitvoeren van het programma. Als het nu gaat om de artistieke en / of meer realistisch geanimeerde karakter en scène ontwikkeling, dan kan dit het programma voor jou. De functies zijn de moeite waard de prijs van de toelating, maar alleen als je daadwerkelijk gebruik maken van het programma als je het gedownload.

Dit programma biedt veel klantenondersteuning hoewel de tutorials zijn voor mensen die al bekend zijn met de terminologie. Het is ook compatibel met vele bestandstypen, zodat u uw geanimeerde karakters en scènes downloaden in andere programma's. Het heeft de veelzijdigheid en mogelijkheden als u al enige vaardigheid met animatie software. Het heeft ook een aantal coole add-ons, maar ze komen op een prijs. Als u nog steeds niet zeker weet, download de demo-versie. Het is gratis, maar je moet gaan door middel van de kassa alsof u de aankoop van het product

----

Blender - 3D Model Rendering Software

Een vrije en open source 3D-modeling en animatie toepassing voor iedereen, vanwege de complexiteit van de software en krachtige rendering engine, is Blender op maat gemaakt voor het maken van films, korte 3d animatie rendering, 3D graphics rendering, 3d karakter teruggeven, spel en meer. In het kort, het is een realistische 3D-rendering applicatie.

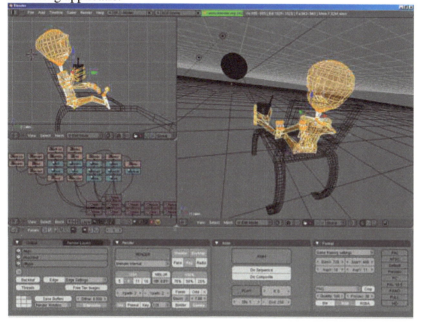

Als u op zoek bent naar een laptop voor 3D-rendering, maak je geen zorgen over SketchUp, is de software voor alle laptops te wijten aan de minimale middelen die zij verbruikt elke cyclus

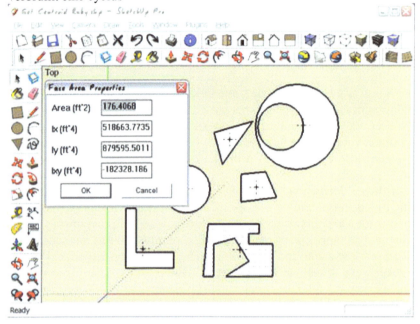

Daz Studio is een gratis rendering en animatie software voor het stellen van 3D-mensen. Het is gelijkaardig in concept aan Poser

Deze software wordt geleverd met vooraf opgenomen met de 3Delight renderer. Daarnaast kan het vermogen verder worden vergroot door de aankoop of het downloaden van add-ons, zoals nieuwe personages en rekwisieten. Het kan ook importeren en exporteren Wavefront obj 3D-bestanden. Als u in Industrieel Ontwerpen, kan ik me voorstellen DAZ Studio wordt gebruikt voor ergonomisch onderzoek, ter illustratie van gebruik van het product en de gebruiker scenario's.

3D ART & ANIMATION   3D LANDSCAPE & ANIMATION   3D MODELING

Dit is waarschijnlijk de meest geweldige aanbieding je dit jaar hebben zijn - een volledige suite van 3D-modellen en 3D animatie software producten ter waarde van meer dan $ 800. Yours bij de klik van een muis!

UPDATE: Deze actie is verlengd tot eind maart 2012.

Ja, dat heb je goed gelezen - DAZ is het weggeven van meer dan $ 800 ter waarde van 3D-software! De gratis pakketten bevatten DAZ Studio 4 Pro, Bryce 7 Pro, Hexagon 2.5 en 3D Photoshop Bridge!

DAZ is zeker zeer groot en we hopen u snel heb nieuws over de reden waarom het bedrijf heeft besloten om weg te geven zo veel. In de tussentijd het downloaden van de volgende pakketten voor helemaal niets - en vergeet niet, kunt u kijken op onze beoordelingen te met behulp van de links in de lijst hieronder.

De gratis pakketten zijn inclusief:

3D-software DAZ Studio 4 Pro (winkelprijs 429,95 dollar) Je mag niet vergeten dat Daz Studio 4 Genesis Figuur Platform onze won Software Innovation of the Year 2011 Award

landschap software Bryce 7 Pro (winkelprijs 249,95 dollar)

Modelling software Hexagon 2,5 (winkelprijs 149,95 dollar)

3D Photoshop Bridge plug-in voor DAZ Studio

Dit alles is gratis voor jullie om nu te downloaden vanaf www.daz3d.com . Wat meer is, de download komt in aanmerking voor gratis updates en upgrades prijsstelling op toekomstige versies van elk product - een potentiële besparing van honderden dollars. **Je hebt tot het einde van de maand, dus grijp deze pakketten nu het nog kan! En vergeet niet om al je vrienden te vertellen! Dit is een ideale manier voor mensen om te beginnen in 3D.**

Krijg drie bekroonde 3D softwareproducten gratis en ga illustreren, modeleren en te animeren nu. Illustraties door Ka-Anna en Tony Bradt

Persbericht fragmenten

"We zijn verheugd om deze aanbieding te doen in het begin van het jaar.", Aldus Merijn de Boer, CEO van DAZ. "We wilden met een digitale kunstenaar in de gelegenheid te DAZ gratis 3D-software te ervaren voor de eerste keer en een volledige suite van 3D-modellen en 3D animatie software producten is beschikbaar op DAZ3D.com."

"Dit is een tijdelijke aanbieding, omdat de software wordt gewaardeerd op meer dan $ 800." Thornton voortgezet. "DAZ Studio is de meest populaire 3D animatie software op Download.com. DAZ3D.com heeft meer dan 10.000 add-on producten om te gebruiken in de meeste 3D-software toepassingen, inclusief DAZ Studio ®, Bryce ®, 3D Photoshop ®, Poser ®, Blender en Maya ®. "Het 3D-model site biedt een breed scala van digitale inhoud met inbegrip van 3D menselijke modellen, 3D-anatomie, kleding, dieren, voertuigen, gebouwen, lokalen en 3D-animaties.

De gratis 3D-software is beschikbaar via download alleen op www.daz3d.com tussen nu en 29 februari 2012.

Illusion Mage

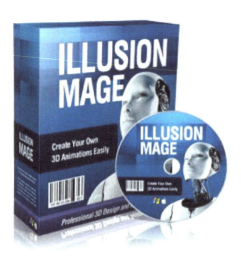

Heb je ooit wilde om verbazingwekkende 3D-animatie te maken in het comfort van uw eigen huis? Als dat zo is, kan Illusion Mage helpen u leren hoe u verbluffende 3D-animaties als Pixar en Dreamworks te creëren in een korte periode van tijd.

Illusion Mage is een krachtig 3D-modeling en animatie software waarmee u cutting-edge animaties zoals Dreamworks en Pixar in 2 uur gebruik van de volledige 3D-software voor het maken suite en video training pakket.

Deze geavanceerde animatie-software bevat een uitgebreid geïntegreerd animatie, modellering, rendering en real-time open source 3D-pakket voor het maken. Met behulp van deze efficiënte modellering suite, kunt u een hoge kwaliteit 3D graphics, snel ontwerp je eigen 3D-games, creëren en animeren 3D-modellen, efficiënter te produceren uw eigen tekenfilm, en ook tot natuurlijke en realistische omgevingen.

Illusion Mage is een professionele hi-end 3D-programma voor het maken. Dus, als je deze animatie suite gebruiken, moet u beschikken over alle functies van een professionele 3D animatie software die toonaangevende animatie studio's gebruikt.

Een van de belangrijkste kenmerken van Illusion Mage software is dat het niet vereist geen technische vaardigheden om je eigen 3D content te creëren. Eenvoudig te gebruiken "point and click"-interface kunt u gemakkelijk te maken van hoge kwaliteit animaties, 3D-games, tekenfilms en echte 3D-modellen.

Illusion Mage software bevat tevens krachtige en geavanceerde simulatie-instrumenten, zoals karakter animatie, softbody dynamiek, stromingsleer, stop motion animatie, starre lichaam dynamiek en modifier based modeling tools.

Illusion Mage 3D Animatie Software Suite biedt 200 pagina's geïllustreerde gids en ook 6 uur video training. De gratis technische ondersteuning met inbegrip van begeleiders, 20 gemakkelijk te gebruiken video training en visuele tutorials gebruiken zal u helpen efficiënt te gebruiken deze animatie software.

De Deluxe Illusion Mage Pakket biedt 4 bonus software zoals De 3D Modeler, The Ultimate Toon Schepper, Sketcher en PickaColor. Met behulp van deze bonus softwarepakket, kunt u 3D-animaties en scènes, ze vervolgens uitvoeren als BMP-, JPEG-of AVI-bestandsformaat. U kunt ook cartoon animaties, 2D old-school dimensionale animaties en ook uw favoriete kleuren te kiezen voor animaties.

Dit softwarepakket wordt geleverd met volledige 60 dagen niet goed geld terug garantie. U kunt proberen de volledige versie van Illusion Mage voor een volledige 60 dagen. Als u niet tevreden bent met het product, kunt u het terug en vraag om een volledige terugbetaling.

Als u wilt uw eigen 3D-animaties en games met behulp van een professionele 3D-modeling en animatie software te creëren, dan is Illusion Mage is voor jou.

Voor meer informatie, bezoek

----

iClone4 Pro 3D Movie Machine

Reallusion's iClone4 biedt een snelle en betaalbare manier om 3D-stereo-prints

Reallusion, Inc, een bekroonde ontwikkelaar van video-software voor het maken van real-time 3D-animatie, duwt zijn software grenzen nog verder met iClone4 Pro 3D Movie Machine.

Deze software introduceert nieuwe manieren voor Photoshop gebruikers 3D-stereo aan te maken van bestaande Photoshop projecten, en ook besparen op stock beelden aankopen met het gebruik van iClone4. iClone4 is een betaalbare, real-time 3D-animatie tool, met stereoscopische output mogelijkheden, die het mogelijk maakt elke Photoshop-project te worden omgezet in het oog springende 3D-stereo-afdrukken. Met deze nieuwe en krachtige aanvulling op haar arsenaal van hoge kwaliteit beeld productie, kan de Photoshop gemeenschap nu importeren beeldlagen in iClone4 om 3D-stereo-prints maken in een kwestie van minuten.

native 3D iClone4's omgeving is ideaal voor het regelen van en het stapelen van beelden in X, Y en Z-as, waardoor kunstenaars de volledige controle over een 3D-effecten hebben door simpelweg te slepen lagen rond in het echte 3D-ruimte. iClone4 levert ook een snelle en gemakkelijke manier van exporteren van een hele scène in stereoscopisch 3D met slechts een klik.

Swift 3D

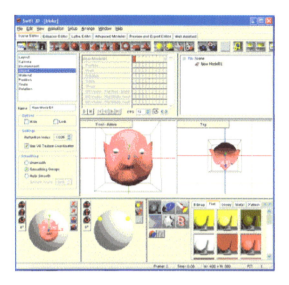

De ultieme 3D software voor grafische en rich media ontwerpers die Adobe Flash ® en Microsoft uitdrukking mengeling ® gebruiken. Swift 3D is de enige 3D software rechtstreeks integreren met Flash door de snelle 3D-importmodule en SmartLayer technologie en export naar Microsoft XAML. Swift 3D toolset en interface kan iedereen snel maken 3D inhoud, terwijl het verstrekken van een volledige reeks geavanceerde hulpmiddelen te groeien tot. Swift 3D is een krachtige, makkelijk te gebruiken 3D oplossing die zorgt voor kwalitatief hoogwaardige resultaten voor een onverslaanbare prijs

DAZ | Studio

Stel je de mogelijkheid om gemakkelijk uw eigen overtuigende 3D-illustraties. U hoeft niet aan speciale cursussen te volgen of een ingewikkelde boeken te lezen. Misschien heb je een scene in je hoofd dat je wilt maken. Kies uw 3D-onderwerpen en hun virtuele omgeving, en laat DAZ | Studio vul de rest voor u. Of misschien heb je ook een interessante 3D karakter dat je geniet en wil graag een scène te bouwen rond het. Hoe dan ook, DAZ | Studio kan het middel om alles samen te brengen in een prachtige weergave van uw grenzeloze verbeelding. DAZ | Studio is een gratis software-applicatie waarmee u eenvoudig prachtige digitale kunst. U kunt deze software gebruiken om te laden in mensen, dieren, voertuigen, gebouwen, rekwisieten, en accessoires om digitale scènes te creëren. DAZ | Studio bestaat uit twee vooraf geconfigureerde scènes voor u klaar om Load & Render binnen DAZ | Studio. Door te dubbelklikken op het toneel miniaturen binnenkant van DAZ | Studio, en alles komt op het scherm uitgaat, verlicht, en voor u klaar om een prachtige digitale beeld te creëren. Klik hier om een voorbeeld scène render van DAZ bekijken | Studio behulp van de meegeleverde content. Met DAZ | Studio, kunt u uw 3D-dromen te realiseren. Andere kenmerken De kracht van een enkel individu kan aanzienlijk zijn. Grote dingen kunnen gebeuren als gevolg van de kracht en de goede trouw van een persoon. Door samenvoeging, kan ieder van ons helpen verzekeren een mooie toekomst voor deze 3d gemeenschap. DAZ is ervan overtuigd dat door simpelweg het vertellen van een vriend of twee over DAZ | Studio en wat kan worden gedaan door het combineren van dit gratis programma met een van de duizenden stuks digitale content beschikbaar is, de groei van de gemeenschap kan exponentiële worden. DAZ Productions heeft een een verbintenis de DAZ houden | Studio kernapplicatie gratis toegankelijk voor zo lang mogelijk. Om dit mogelijk te maken, DAZ is gebaseerd op de inkomsten gegenereerd door de aankoop van inhoud in de DAZ online winkel. Hoe meer mensen die regelmatig kopen van DAZ, hoe meer ontwikkeling die kunnen worden gesubsidieerd en hoe langer de DAZ | Studio kern blijft gratis. Om deze geweldige software te krijgen: 1. Klik op de download link. > 2. Registreer een gratis DAZ account. > 3. Download software. > 4. Ontvang een gratis activeringscode - veel plezier!

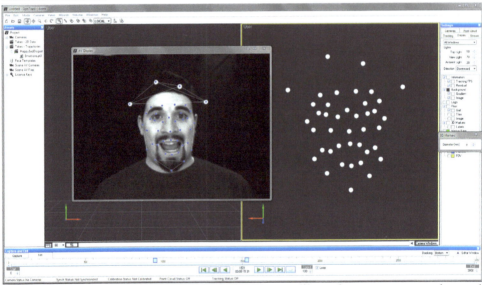

Convert one of your motion capture cameras into a calibrated scene camera and record synchronized reference video tracks for each mocap take. Tracked 3D markers can be re-projected into scene video in real-time and offline, providing valuable feedback and enhanced editing in post. In addition to comparing your scene with captured marker data, reference video provides a useful visual record of an actor's performance. By combining video and mocap data, Expression offers a complete performance capture tool—perfect for producing animation and creating a framework for artists to build on

---

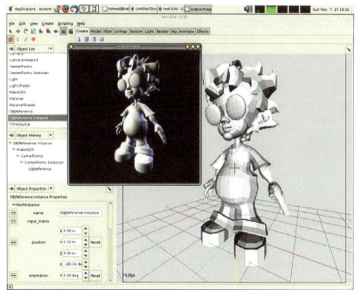

K-3D is free-als-in-vrijheid 3D-modeling en animatie software. Het beschikt over een plugin-georiënteerde procedurele motor voor alle van de inhoud ervan, het maken van K-3D een zeer veelzijdig en krachtig pakket.
K-3D blinkt uit in veelhoekige modellen, en omvat de belangrijkste tools voor NURBS, patches, bochten en animatie

----

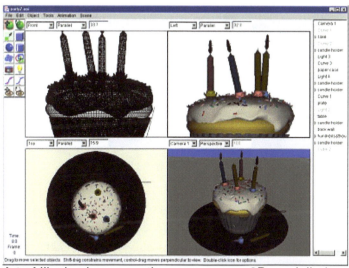

Art of Illusion is een gratis, open source 3D-modellering en rendering studio. Veel van de mogelijkheden rivaal die gevonden worden in commerciële programma's. Hoogtepunten zijn onder onderverdeling oppervlak op basis van modeling tools, skelet gebaseerde animatie, en een grafische taal voor het ontwerpen van procedurele texturen en materialen ..

De huidige versie is 2.8.1, uitgebracht 3 januari 2010. Deze versie zowel stabiel als krachtig genoeg om om ernstige, high end animatiewerk

----

Een gratis 3D modeling en animatie software voor aspirant game-
ontwikkelaars en modders. De Mod Tool is een gratis versie van XSI voor niet
commercieel spel schepping. Het is gemaakt voor iedereen nodig een
krachtige 3D-toepassing om te maken en mod games. De Mod Tool
aangesloten op alle belangrijke game-engines en ontwikkeling kaders voor de
volgende generatie games, casual games, mods voor bestaande titels en
zelfs Flash-gebaseerde 3D-games

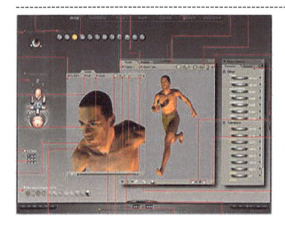

Poser

Gratis Poser 7 Shareware Engels Demo. Of u maakt voor print, animatie of het web,
er is altijd een noodzaak om de menselijke vorm te integreren. Poser 7 levert de kracht
van interactieve 3D-figuur design en biedt oneindig veel mogelijkheden om
menselijke diversiteit, vorm en expressie te portretteren. Ontwerp met de menselijke
vorm van kunst, illustratie, animatie, strips, web, print, onderwijs, medische
visualisatie, games, storyboards, en nog veel meer! Windows 2000, XP of Vista 700
MHz Pentium-klasse of compatibel (1 GHz of sneller aanbevolen) 512 MB systeem-
RAM (768 MB of meer aanbevolen) Probeer Poser 7 vandaag. Download hieronder
de 30 dagen beperkte functionaliteit demoversie! Mac OS X 10.3.9 of 10.4 (Universal
Binary) 700 MHz G4-processor (Intel Core Duo of 1 GHz G4 of sneller aanbevolen)
Er is nu een huisnijverheid van commerciële en beeldend kunstenaars die te maken

van originele kunstwerken (illustraties) van menselijke figuren met behulp van Poser. Voorheen tekenen realistische menselijke figuren was moeilijk en zeer tijdrovend. Nu meer dan 200.000 kunstenaars creëren alles, van omslagen van tijdschriften, gedrukte reclame en productafbeeldingen met behulp van Poser. Terwijl Poser heeft animatie mogelijkheden, heeft geen significante huisnijverheid ontwikkeld voor het creëren van bewegende beelden met Poser. Maar Poser animatie is te zien in industriële toepassingen zoals de geanimeerde instructies voor het controleren machines. Poser heeft een grote en enthousiaste volgende op een groot aantal online sites, en als gevolg van het onvermogen om 3D-model maken uit te voeren in de toepassing, een ecostructure is opgegroeid rond de handel en verkoop van kant-en-klare Poser inhoud. Als een subcultuur in zijn eigen recht, heeft de Poser markt was aanleiding tot een aantal personen bekend door hun hoge-resolutie menselijke figuren, en fotografische kwaliteit skin textures die aan het model worden toegepast binnen Poser. Ook is er nu een enorme catalogus van rekwisieten en scènes, zowel historische als fantasie in de natuur, evenals verschillende dieren, draken en andere wezens, samen met vele fotorealistische gebouwen en andere echte en fantasiewereld objecten.

Een van de meest onderscheidende kenmerken van trueSpace is de 3D-modellering interface, met behulp van vooral 3D-widgets voor de meest voorkomende bewerkingen en de derde generatie van de **context op basis 3D-besturingselementen** die u gemakkelijk kunt bewerken en ontwerpen van 3D-animatie. De TrueSpace gebruikersinterface bieden een reeks van krachtige en aanpasbare **2D lay-outs** die verschillende werkstijlen en serie van 2D-editors zoals ondersteuning **Link editor, Script Editor, Panel-editor** en anderen.

Naast dat, kunt u deze importeren 3D-modellering personages zijn gemaakt in andere software zoals AutoCAD , 3ds Max, Adobe Illustrator en etc om geïntegreerde binnen TrueSpace werkruimte.

Nadat Microsoft verworven trueSpace 3d modeling software, Microsoft vrijgegeven TrueSpace 3D modeling software gratis te downloaden 3D-ontwerp-software. Plus meer, Microsoft ook geïntegreerd hun virtuele aarde diensten, zodat gebruikers aan de opbouw en landschappen te creëren.

Read more: Free 3D Modeling Software from TrueSpace Microsoft
http://www.techmixer.com/free-3d-modeling-software-from-truespace-microsoft/
#ixzz2OHr3BrdC

Figuur Artist - Poser PRO

Gratis Poser Figuur Artiest Shareware is Poser Pro nu. Engels Demo. Poser Figuur
Artist is uw virtuele studio met zeer realistische menselijke modellen die klaar zijn
voor gebruik. Windows 2000 of XP 500 MHz Pentium-klasse of compatibel (700
MHz of sneller aanbevolen) Een rijke bibliotheek van poses, uitdrukkingen, kapsels,
kleding, rekwisieten en achtergronden voor het werken met de menselijke vorm in de
magie van 3D. Poser Figuur Artist is een vooral gericht op traditionele kunstenaars als
vervanging voor houten mannequins en menselijke figuur modellen. De fabrikant, e
grens, dringt erop aan dat het niet alleen een beperkte versie van Poser, maar een
tutorial aangedreven app in zijn eigen recht. Het programma beschikt over les-inhoud
afgestemd op figuur tekenen in plaats van extra Poser tools. In wezen is e grens
creëerde een nieuwe interface met alleen de basisinstrumenten geconcentreerd op een
manier die maakt het stellen en verlichting zo gemakkelijk mogelijk te maken. Er is
een goede spreiding van Posers cijfers, poses en rekwisieten, en u kunt eenvoudig uw
eigen houdingen en voeg ze toe aan de bibliotheek of uit te breiden ze met content van
sites zoals Inhoud Paradijs en Renderosity. Poser werd meer dan tien jaar geleden en
meer dan gelanceerd de jaren heen is gerijpt tot het punt waar het is niet meer een 3D-
specialist hulpmiddel, maar een gemeenschappelijke component van de workflow van
een breed spectrum van grafische kunstenaars, illustratoren, hobbyisten en animators.
e grens is momenteel bezig met een pre-launch campagne voor de komende Poser 7,
die dergelijke functionaliteit toevoegt als lip syncing, meerdere ongedaan maken en
opnieuw, sneller en beter maakt, niet-lineaire animatie en een verzameling van
morphing tools.

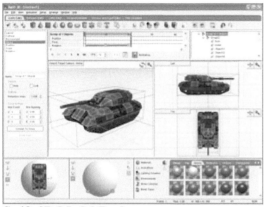

Swift 3D Model Packs

Download de Swift 3D V6 Model Pack en uit te breiden het model selectie reeds in de Swift 3D Galleries. Swift 3D is een 3D-toepassing speciaal gemaakt voor Adobe Flash ontwerpers. Het stelt hen in staat te stellen eenvoudige vormen, tekst typen, of importeren Adobe Illustrator-bestanden en extruderen hen. U kunt dan kleur en het model en schaduw animeren met behulp van een Flash-achtige tijdlijn. Swift 3D wordt geleverd met vooraf ingestelde animaties, zoals spins en bounces, die u kunt toepassen via drag-and-drop. Het komt ook met een grote stijlen bibliotheek, dus als u wilt dat uw object te laten uitzien als glas of chroom, je niet hoeft om die look te creëren vanuit het niets. Je kunt maken van uw model in een verscheidenheid van stijlen, met inbegrip van fotorealisme en diverse cartoon ziet. Swift 3D is de meest veelzijdige en eenvoudig te gebruiken stand-alone tool voor het maken van hoge kwaliteit, lage bandbreedte 3D vector en raster animaties voor het web , print of video. Maakt 3D in Flash SWF-en Silverlight XAML 2D-uitgang, en vele andere formaten. Swift 3D is de enige 3D-tool om directe integratie met Adobe Flash te bieden via de Swift 3D File Importer. SmartLayer Technology biedt ontwerpers ultieme controle over hun 3D vector renderings. Alle belangrijke aspecten worden automatisch gescheiden in verschillende lagen bij invoer naar Flash, het verminderen van de bestandsgrootte en de verbreding van het ontwerp mogelijkheden.

Autodesk FBX

FBX plug-ins voor 3ds Max en Maya, FBX importeur-exporteur naar andere toepassingen, en de FBX plug-in voor Apple QuickTime-software. FBX (een afkorting voor de FilmBox productnaam) is technologie en een bestandsformaat (.

Fbx) eigendom van en wordt ontwikkeld door Autodesk. Het wordt gebruikt om de interoperabiliteit tussen digitale content creation toepassingen. Platform-Onafhankelijke 3D-Data Interchange Technology. Autodesk FBX activa uitwisseling technologie maakt een hogere trouw data-uitwisseling tussen verschillende Autodesk content creatie pakketten Autodesk 3ds Max, Maya, MotionBuilder, Mudbox, en Softimage software? en biedt ondersteuning voor bepaalde derden en eigen toepassingen . Of u nu FBX gebruik binnen een entertainment pijpleiding of als onderdeel van het ontwerp de productie, worden de bestanden meer naadloos overgedragen, worden meer gegevens behouden, en workflows efficiënter zijn. Single-step interoperabiliteit Maximaliseer creatieve potentieel en optimaliseer de productiviteit met nieuwe single-step interoperabiliteit workflows tussen producten in de Entertainment Creation Suites 2012, mogelijk gemaakt door Autodesk FBX 2012-software. 2D en 3D hulpmiddelen en ondersteuning. Efficiënt gebruik van meerdere 3D-gereedschappen en geniet van ondersteuning voor een breed scala aan 3D-en 2D-gegevens. Gemakkelijker gegevensuitwisseling, Exchange digitale activa met andere studio's, waarvan pijpleidingen zijn gestandaardiseerd op instrumenten anders dan de jouwe. Efficiënter pijpleidingen, Integreer off-the-shelf en eigen toolsets en de overdracht van aangepaste gegevens tussen applicaties.

Autodesk AliasStudio

Autodesk AliasStudio software staat bekend als de belangrijkste industriële design tool? gebruikt door vrijwel iedere auto bedrijf, toonaangevende design consultancy en consumentenproducten bedrijf over de hele wereld. AliasStudio stelt ontwerpers in staat om verder te bezitten hun ontwerpen in het ontwikkelingsproces met tools om efficiënt te verfijnen model details en creëren productie-kwaliteitsgegevens voor downstream gebruik. Ontwerpers behoudt de eigendom van ontwerpen en de veranderingen te integreren later in het proces, het vergroten van de flexibiliteit van de ontwerpbeslissingen en het voorkomen van het ontwerp de bedoeling dat ze vervormd of verloren tijdens de engineering fase. AliasStudio ondersteunt ook de samenwerking tussen ontwerp en engineering om ervoor te zorgen dat zowel de esthetische en functionele eisen efficiënt worden aangepakt in het ontwerp-oplossingen. Personal Learning Edition is een speciale versie die gratis toegang voor niet-commercieel gebruik. Autodesk AliasStudio Personal Learning Edition biedt bijna elke functie opgenomen in de volledige commerciële versie van Autodesk Studio-software.

Andere functies Personal Learning Edition bevat een volledige set van tutorials presenteren voorbeelden van typische concept design workflow. Deze tutorials introduceren de krachtige tools en interactieve functies van Autodesk AliasStudio en demonstreren hoe ze effectief te gebruiken om conceptontwerp taken uit te voeren met gedetailleerde stap-voor-stap instructies en video's. Leren Edition beperkt gebruikers voor niet-commerciële toepassingen door middel van de weergave van een watermerk op afbeeldingen, alsmede door het gebruik van een speciale niet-commerciële bestandsformaat.

Vue 9 Pioneer

Vue 9 Pioneer is een geweldige manier om te leren 3D. Het is zo makkelijk te gebruiken dat je geweldige 3D landschappen aan het componeren in een mum van tijd. Maak uitgestrekte terreinen, voeg bomen, selecteert u de beste oogpunt en maken hyperrealistische beelden van uw landschappen in humeurig atmosferen in een paar muisklikken. Met Vue 9 Pioneer concentreer je je op je kunst. Geen zorgen te maken over het perspectief, verlichting en schaduwen: de software zorgt dit alles voor u. Alle functies zijn slechts een klik verwijderd: een klik op een terrein te creëren, een klik naar een nieuwe plant groeien, met een klik naar 3D tekst toe te voegen, enz. Maak je eigen uiterst gedetailleerde 3D-werelden in elke stijl? photo-realistic, illustratie, fantasie, abstracte ... Niet nodig tekenvaardigheid! Produceer afbeeldingen in prachtige foto-realistische kwaliteit en levendige kleuren voor print, web ... tot leven te brengen uw verhalen, strips en cartoons, gedichten of games! Maak stilstaande en bewegende achtergronden. Illustreer uw presentaties en documenten. Simuleer geologisch realistische omgevingen, van archeologisch nauwkeurige werelden op een mogelijke evolutie van de Aarde ... Vue 9 Pioneer is inclusief gratis toegang tot de Cornucopia3D gemeenschap: hulp krijgen, uitwisseling tips en suggesties met andere gebruikers, vind inspiratie door te kijken naar hun kunst, of toon je eigen creaties aan de wereld! De download is ongeveer 628 MB en omvat 32 en 64-bits versies van Windows en Mac Intel bouwt. Je moet een Cornucopia3D account aan te maken (als je niet al een hebt) om het apparaat te gebruiken.

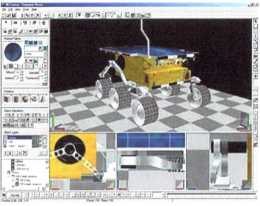

3D CANVAS

3D Canvas is een real-time 3D-modeling en animatie tool die een intuïtieve drag-and-drop benadering van 3D-modellering opgenomen. Complexe modellen kunnen worden gemaakt van eenvoudige 3D primitieven, of gemaakt met behulp van 3D Canvas 'Object Building Tools. Modeling tools zijn bedoeld te vervormen, beeldhouwen, en verf 3D-objecten. Het creëren van een geanimeerde scène is zo simpel als het positioneren van de objecten in de scène voor elk punt in de tijd in uw animatie. 3D Canvas zal ervoor zorgen dat de resulterende animatie op rolletjes loopt. Uw animatie kan worden geïntensiveerd door middel van een frame per keer, gezien in real-time, of opgenomen op een video (AVI)-bestand, zodat u kunt uw creatie te verspreiden.

Tool roll-up groepen kunt u de 3D Canvas interface aan te passen, zodat alleen de items die u het meest gebruikt zijn zichtbaar. En als u toegang nodig tot een minder vaak gebruikte functie, de tool roll-up is altijd een klik verwijderd. De standaard versie van 3D Canvas is een volledig functioneel product geleverd als freeware.

Systeemvereisten voor 3D Canvas

Microsoft Windows XP of Windows 2000
Pentium-processor of gelijkwaardig
64 MB RAM
16 MB videokaart, met een minimale resolutie van 800x600
Internet Explorer 5.0
DirectX 8 is ook nodig die hier beschikbaar is.
Houd er rekening mee dat de 3D Canvas wordt verspreid als een Windows Installer document om de download te verkleinen. De meeste computers zullen in staat zijn om 3D Canvas installeren door te dubbelklikken op het 3DCanvas Windows Installer-bestand. Als dubbelklikken op het 3DCanvas Windows Installer-bestand wordt niet geïnstalleerd 3D Canvas moet u de Windows Installer te downloaden.
Als je een waarschuwing dat MDAC 2.5 is vereist voor de installatie van 3D Canvas die u nodig heeft een update van de Windows Data Access Components

----

EasyToy V2.0 is een 3D modeling software. Het maakt gebruik van een schets op basis van modellering methode en een 3D-schilderij methode. De user-interface is erg vriendelijk, en operaties zijn heel eenvoudig. Een complex 3D model kan snel worden gemaakt door het combineren van een aantal eenvoudige handelingen. Vergeleken met algemene 3D systemen EasyToy is eenvoudig te leren en eenvoudig te gebruiken. EasyToy heeft brede toepassingen, met inbegrip van speelgoed design, graphics, animatie en onderwijs. Het is niet alleen geschikt voor speelgoed ontwerpers de mogelijkheid om speelgoed en CG makers van 3D-objecten te ontwerpen, maar ook voor niet-professionele gebruikers, met name studenten, te ontwerpen 3D free-form modellen. De belangrijkste kenmerken van EasyToy zijn als volgt. (1) Sketch-gebaseerde modellen: Het belangrijkste kenmerk van EasyToy is een schetsen interface. De gebruiker tekent een 2D schets lijn, en een 3D-object wordt automatisch aangemaakt. De meeste 3D-operaties van EasyToy worden gerealiseerd door middel van 2D schetsen operaties. Een complex 3D-object kan worden verkregen door het combineren van een aantal eenvoudige handelingen. Gebaseerd op de schetsen interface, kan een 3d object veel sneller dan andere 3D systemen worden gegenereerd. Daarom kan de ontwerptijd aanzienlijk worden verkort door het gebruik van EasyToy. (2) 3D Painting: 3D schilderij is een ander belangrijk kenmerk van EasyToy. 3D verf zich door direct tekenen kleuren op het oppervlak van een 3D-model. Vergeleken met algemene texture mapping methoden die een proces oppervlakte parametrering nodig 3D schilderij is eenvoudig en de verrichting is gemakkelijk. (3) Reference Design: 2D ontwerp kan worden geladen in het systeem als een achtergrondbeeld. Het wordt gebruikt voor verwijzing naar een 3D model ontwerpen. Bij het maken van een 3D-model wordt de schets lijn getrokken langs de omtrek van een afbeelding, en de vorm van 3D-model zal in overeenstemming zijn met het referentiebeeld. Daarom is een referentiebeeld is zeer nuttig voor het ontwerpen van 3D-modellen. Bovendien kan een beeld worden gebruikt als textuur uitgezet op een 3D-model. (4) Operation Omgeving: Er zijn twee soorten schets operaties die eenvoudige bediening en geavanceerde activiteit de snelheid of nauwkeurigheid van 3D-modellering wordt onder andere. Voor de werking van schets, als een operatie is ingesteld als eenvoudige modus, zal een 3D-object worden gemaakt direct na een schets lijn getrokken, als de operatie is ingesteld als de geavanceerde modus, een schets lijn zal eerst worden omgezet als een spline waarvan de vorm bewerkbaar is, dan is een 3D object wordt gegenereerd nadat de vorm van de curve wordt bevestigd.

3DCrafter
De standaard versie van 3DCrafter is een volledig functioneel product geleverd als freeware. Upgrades zijn beschikbaar voor diegenen die extra functies is zowel voor de ontwikkeling van games of voor het weergeven van foto-realistische beelden.

3DCrafter is een real-time 3D-modeling en animatie tool die een intuïtieve drag-and-drop aanpak 3D modeling.Creating een geanimeerde scène bevat is zo eenvoudig als het plaatsen van de vormen binnen uw scene voor elk punt in de tijd in uw animatie. 3DCrafter zal ervoor zorgen dat de resulterende animatie op rolletjes loopt. Uw animatie kan worden geïntensiveerd door middel van een frame per keer, gezien in real-time, of opgenomen op een video (AVI)-bestand, zodat u kunt uw creatie te verspreiden. Complexe modellen kunnen worden opgebouwd uit eenvoudige 3D primitieven, of gemaakt met behulp van 3DCrafter's Shape Building Tools. Modeling tools zijn bedoeld te vervormen, beeldhouwen, en verf 3D-vormen. Tool roll-up groepen kunt u de 3DCrafter interface aan te passen zodat alleen de items die u het meest gebruikt zijn zichtbaar. En als u toegang nodig tot een minder vaak gebruikte functie, de tool roll-up is altijd een klik verwijderd.

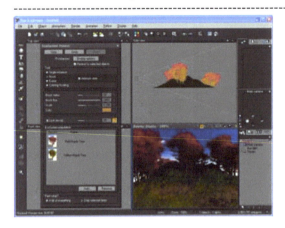

Vue 6 Infinite PLE
beoordeling: The Personal Learning Edition (PLE) is een volledig functionele versie van Vue 6 Infinite / xStream. U kunt complete projecten, slaat u uw werk-, uit-en zelfs maken zonder limiet! En het beste van alles, omdat het nooit is verlopen, kunt u leren in uw eigen tempo! Vue 6 Infinite is ontworpen om te werken naast uw object modelbouwer keuze en dus als u voor het eerst het programma gevraagd welk 3D-programma dat u gewend bent automatisch en start past de interface dus in termen van kleuren en snelkoppelingen. Dit gevoel van vertrouwdheid wordt verder versterkt door Vue 6 Infinite opname van de nu bijna alomtegenwoordige Gizmo on-object manipulatoren voor de behandeling van positionering, schaling en rotatie. Andere verbeteringen in de interface zijn een nieuwe tabblad Bibliotheek in de World Browser waarin u kunt bekijken objecten meerdere keren gebruikt (deze zijn nu slechts een keer in het geheugen opgeslagen), uitzicht en snelle render snelkoppelingen, makkelijker kopiëren, laten vallen en hernoemen van objecten en tal van andere tweaks . Om eerlijk te zijn ik? D liever dat de belangrijkste modellering toepassingen werkte meer als Vue Infinite in plaats van andersom. Vue 6 xStream omgevingen naadloos aansluiten op uw 3DS Max, Maya, XSI, LightWave of Cinema 4D scènes en animaties. Toegang tot de kracht van 's werelds toonaangevende 3D-landschap-technologie rechtstreeks vanuit uw favoriete toepassing!

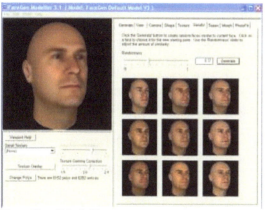

FaceGen Modeller

FaceGen Modeller 3.1.4-realistische menselijke gezichten in 3D, in willekeurige volgorde of van uw eigen foto's. FaceGen Modeller is een geweldig programma waarmee je realistische menselijke gezichten te creëren in 3D, in willekeurige volgorde of van uw eigen foto's. Met FaceGen Modeller kun je gezichten bewerken met 150 controles includingage, ras en geslacht. . Pas animatie morphs van blijken andphonemes FaceGen Modeller kun je je werk exporteren naar verschillende 3D-bestandsformaten. Hier zijn sommige zeer belangrijke eigenschappen van "FaceGen Modeller": ? Instant, realistische gezicht creatie: . Genereer realistische gezichten in willekeurige volgorde voor elk ras, geslacht en volwassen leeftijdsgroep . Maak eenvoudig gezichten van een of meer foto's . Meer dan 50 symmetrische en 25 asymmetrische vorm controles . Meer dan 30 kleuren (textuur) controles snel vorm gezichten aan vrijwel elke volwassen menselijk gezicht passen. Breng gedetailleerde huid texturen

----

VizUp Professional

Een software waarmee u te maken en 3D-modellen VizUp Professional 2.3.9 heeft de basisset van functionaliteiten te optimaliseren. Hiermee kunt u het aantal polygonen te verminderen in een complexe 3D-model met behoud van de kwaliteit en het uiterlijk van het origineel. Het eindresultaat van de vermindering is een 3D-model met een evenwichtig niveau van details en grootte, die is perfect voor de te gebruiken in virtual reality en real-time visualisatie-systemen. Het proces van vermindering is uiterst eenvoudig en vereist geen geavanceerde kennis. VizUp haalt automatisch alle benodigde parameters zonder handmatige tussenkomst aan uw kant. VizUp uniek is dat het model voor alle mogelijke verhoudingen tegelijkertijd comprimeert. Dit betekent dat u het effect van een compressie-niveau direct zien met een klik op de overeenkomstige verhouding te drukken. Dankzij deze, u niet langer hoeft te veelhoek reductie opnieuw op te starten telkens voor 10%, 20%, 30%, en andere verhoudingen. Schakelen tussen verschillende compressie verhoudingen, vergelijk de resulterende modellen en kies degene die aan uw eisen voldoet. ander goed ding over VizUp is de unieke mogelijkheid om de visuele precisie van het model te behouden, zelfs bij hoge compressie ratio. In het comprimeren van een model, een vertices VizUp verwijderd, maar de coördinaten van de resterende hoekpunten niet veranderen. Dankzij dit er minimale verstoringen tijdens texture mapping, als textuur coördinaten van de hoekpunten gelijk blijven. Maar als u vindt dat het resulterende model niet goed kijkt, kunt u verfijnen door gebruik te maken van de VizUp's optimalisatie-algoritme. Dit maakt het model er erg glad. Hier zijn sommige zeer belangrijke eigenschappen van "VizUp Professional": ? Hoge kwaliteit van complexe model optimalisatie ? Zeer eenvoudig en gebruiksvriendelijk ? Optimalisatie wordt automatisch uitgevoerd, er geen parameter tuning nodig ? Drastisch verminderen van het aantal polygonen zonder verlies van kwaliteit ? Voer optimalisatie slechts een keer - gelijktijdig voor alle mogelijke overbrengingsverhoudingen ? Visuele controle model tuning tijdens het proces van optimalisatie ? Ingebouwde 3D-viewer is intuïtief en laat je onderzoeken uw model ? Batch-modus reductie (alleen beschikbaar in VizUp Reducer Enterprise) ? Ondersteunt Wavefront. OBJ, VRML 2.0/97 en StereoLitho (STL) bestandsformaten

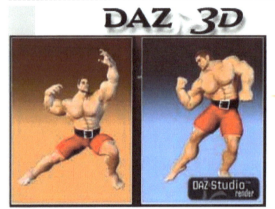

Workout Poses

Als uw mannelijke personages hebben behoefte aan wat beweging, probeer dan deze poseert voor David 3, Hiro 3, Michael 3 en The Freak voor gebruik met DAZ fitnessapparatuur. Vereiste Producten:. Fitnessapparatuur, Hiro 3.0, David Base, The Freak, Michael 3.0 Base U kunt nieuwe iconen vinden voor het laden van dit product in de volgende Poser bibliotheken Bezoek onze site voor nog meer technische ondersteuning vragen of opmerkingen: Dank u en geniet van uw nieuwe producten! DAZ Productions Technische ondersteuning Gemaakt door: krachtpatser, alle vouchers kunnen worden gebruikt voor dit product Poses (PZ2) David 1 Standaard Pose 4 Loopband Poses 7 Bench Poses 2 Bike Poses 2 Muscle Flex Poses Freak 1 Standaard Pose 2 Loopband Poses 6 Bench Poses 7 Muscle Flex Poses enz.

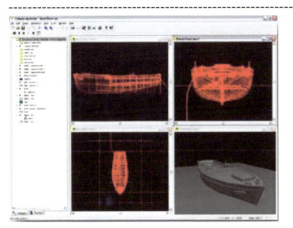

Calimax Modeller

Calimax is een freeware programma om Povray scripts. Zo kun je foto realistische foto's en animaties met de twee programma's Calimax en Povray. Een nieuwe versie van de 3DS invoer plugin is klaar om te downloaden. Deze versie bevat twee bugfixes: Het importeren object wordt gecentreerd op de scène nu. Karakters van sub-namen die niet zijn toegestaan in POVRAY worden verwijderd uit de plugin nu. Plugins voor Calimax zijn nu beschikbaar. U kunt de plug-ins van de download pagina. De eerste plug-ins zijn voor de povray omvat GALAXY van Chris C. en lens flare van Nathan K.. Een import-plugin voor 3DS-bestanden is binnenkort beschikbaar.

Andere functies

Nieuwe definitieve versie (build 02.00.90.00)! Deze versie opgelost twee bugs. Maar het belangrijkste van de nieuwe functie is fotonen. Om fotonen bent u in staat om toe te voegen en nu bewerken de algemene instellingen te gebruiken. Meer informatie over nieuwe features en bugfixes volg deze link: geschiedenis. De ontwikkeling van versie 2.0 is nu klaar. Maar er zijn veel ideeën voor nieuwe projecten in de toekomst. Systeemvereisten Windows NT4, Win95, Win98, Winse, Win2K of WinXP, OpenGL versneld grafische kaart met volledige ICD-ondersteuning, (ala GeForce), 64 MB geheugen, 128 MB aanbevolen, of 256 MB als je gebruik maakt WinXP, 300 MHz Pentium, 5MB schijfruimte.

DesignWorkshop

De volledige freeware DesignWorkshop Lite software pakket biedt alles wat je nodig hebt om je eigen 3D-modellen te bouwen voor home design en visualisatie van architectuur, landschappen, tentoonstellingen, of enige vorm van ruimtelijk ontwerp. Met DesignWorkshop Lite kunt u bekijken en walk-through kant-en-klare modellen van elke grootte, net als de gratis 3D-modellen van gebouwen in de Grote gebouwen Online, in DXF, DesignWorkshop of 3DMF formaat, met een verbazingwekkende live 3D-snelheid. DesignWorkshop Lite kan worden gebruikt op een Power Macintosh, of een Pentium pc met Windows 95/98/ME/NT/XP/2000, met een aanbevolen minimum van 32 MB echte RAM voor volledige functionaliteit. Uw monitor moet worden ingesteld op duizenden of miljoenen kleuren (16, 24, of 32 bits kleuren). Ook gratis online bij Artifice: De DesignWorkshop Tutorials, de online DesignWorkshop gebruikershandleiding, de 3D-objecten Exchange, vol met gratis te downloaden 3Dbibliotheek-objecten voor detail uw eigen huis of kantoor ontwerp, de Grote Gebouwen Online, het documenteren van 1000 grote gebouwen uit de hele wereld en over de geschiedenis, met honderden foto's en downloadbare 3D-modellen, en de Classic Home Collectie van bewerkbare 3D-home design modellen op ArchitectureWeek.

Andere functies

Voor eenvoudige home design projecten of voor een goede introductie tot 3D graphics, DesignWorkshop Lite is de 3D-toepassing iedereen zich kan veroorloven. Gratis verkrijgbaar als een fundamentele downloaden vanaf de Artifice website, DesignWorkshop Lite is ook beschikbaar in een uitgebreide volledige download voor slechts $ 9,95, en op een luxe 150MB CD-ROM met handleidingen, volledige documentatie, texturen, basic 3D-object bibliotheken, en andere nuttige accessoires. Bestel CD-ROM online slechts $ 19.95! Elk niveau van de DesignWorkshop familie? Lite, Classic Home Design, en Professional? stelt u in staat om snel en creatief schetsen ruimtelijke ideeën in live 3D perspectief, dan ontwikkelen en efficiënt te verfijnen ze met eenvoudige maar krachtige en nauwkeurige editing tools. Uw ontwerp visioenen zal direct tot leven met behulp van real-time rendering met lichten en texturen ingebouwd DesignWorkshop is de eerste echte 3D-design tool voor het creëren van vorm in de ruimte. Traditionele opstellen software werkt alleen in twee dimensies, zoals potlood en papier. De meeste zogenaamde "3D-toepassingen" zijn eigenlijk alleen maar opgevoerde opstellen software, met weinig of geen wijziging in de perspectief. De weinige andere krachtige 3D solid modeling systemen beschikbaar zijn ingewikkeld om te leren en te gebruiken, en te rigide voor creatief ontwerp werk.

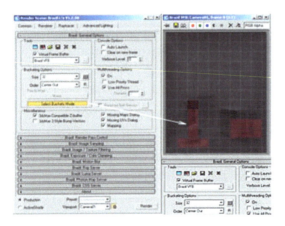

Brazilië Rio

Brazilië Rio (aka "Rio") is een vrij verkrijgbaar, voor persoonlijk gebruik, niet-commerciële uitgave van SplutterFish's bekroonde Brazilië r / s V1.2 renderer voor 3ds max en Autodesk VIZ. Brazilië is, op zijn kern, een high-performance raytrace renderer dat veel geavanceerde en super coole functies, zoals terreinverlichting, GI, SS, en nog veel meer (zie de Lijst met functies voor meer informatie) ondersteunt. Rio wordt gedistribueerd door SplutterFish voor meerdere redenen: Het laat ons toe om veel mensen stress testen van onze software in veel verschillende omgevingen, dient het als een manier voor ons om te delen met de gemeenschap en een educatieve versie die kan worden gebruikt door studenten en andere hobbyisten te bieden, en het biedt ook een evaluatie-versie van Brazilië die niet vereist dat een belanghebbende persoon gaan door de volledige evaluatie / registratie proces.

Andere functies

zoals altijd, het doel van de Braziliaanse publieke test releases, en nu Rio, is om ons te voorzien van massa-testen, usability informatie, debugging informatie, stress testen en evaluatie van het ontwerp. Iedereen is welkom om deel te nemen aan wat ooit mate ze willen en feedback wordt gewaardeerd maar is niet verplicht. In tegenstelling tot de vorige openbare test releases, Rio de huidige Brazilië technologieën bevat en nauw weerspiegelt de mogelijkheden van de onze commerciële renderer, Brazilië r / s. honderden bijgedragen beelden Blader in onze afbeelding Gallery.What 's niet in deze Build deze build is gebaseerd op de huidige versie van Brazilië r / s, maar is selectief feature-beperkt zodat u er het in de eerste bruikbaar voor educatieve en testdoeleinden. Rio is niet ontworpen of bedoeld voor gebruik in professionele of productie-omgevingen en zal niet goed werken in een gemengde "Brazilië r / s" en "Brazilië Rio" omgeving. Deze versie is veel sneller en completer dan de vorige openbare test bouwt en bevat dezelfde functies die werden gebruikt om alle afbeeldingen in de Galerij te genereren. Degenen die gebruik hebben gemaakt vorige Brazilië r / s-test versies moeten kunnen halen de basisprincipes van het Rio vrij snel. SplutterFish officieel niet bieden geen ondersteuning voor Rio, maar we hebben een community forum dat waarschijnlijk is de beste plek om goede antwoorden te krijgen. Een subset van de Braziliaanse r / s documentatie en voorbeeld bestanden zullen beschikbaar zijn voor Rio gebruikers op de SplutterFish website.

Lego Digital Designer

Met LEGO Digital Designer 2 software die u in staat zullen zijn om het model ontwerpt creëren met behulp van LEGO bricks.With LEGO Digital Designer software die u in staat zullen zijn om het model ontwerpt creëren met behulp van LEGO stenen. Wanneer je LEGO Digital Designer te starten , start het programma of beginnen op een nieuw model, ziet u de slag met LEGO Digital Designer-venster. voorbeeld van uw ontworpen model met behulp van de camera. Gebruik de muis controles om de positie van uw stenen te veranderen. Vereisten: Minimale systeemvereisten voor PC - Processor: 800 MHz-processor of hoger - Grafische kaart: 32 MB grafische kaart (OpenGL 1.1 of hoger compatibel) - RAM: 256 MB - vaste schijf : 100 MB - Aanbevolen Systeemeisen voor PC - Processor: 2 GHz of snellere processor - Grafische kaart: 256 MB grafische kaart - RAM: 512 MB - vaste schijf: 100 MB

Autodesk Navisworks vrijheid

Navisworks vrije software is een gratis gebouw informatie Modeling (BIM) project viewer waarmee uw uitgebreide team toegang krijgt tot het geheel-project model voor herziening. Vergemakkelijkt de visualisatie in real time en herziening van het hele project voor alle belanghebbenden ter verbetering van de communicatie en samenwerking van concept tot operatie. Voorziet in de mogelijkheid van een weergave voor de geoptimaliseerde NWD-gegevensindeling. Vormt een integraal onderdeel van de integratie, analyse- en communicatiefuncties workflows ingeschakeld door de Autodesk Navisworks familie van producten.

Navisworks project softwareproducten helpen architectuur, engineering, en constructieprofessionals controle over projectresultaten. Integreren, delen en bekijken van 3D-modellen en multiformat gegevens met alle stakeholders van uw project. BIM software vergemakkelijkt een betere manier van werken gezamenlijk, met behulp van een model gemaakt van informatie die consistent, gecoördineerde ontwerp. Dankzij dit proces kunnen eerdere besluitvorming, betere documentatie en de evaluatie van alternatieven voor duurzame ontwerp of verbeteringen met behulp van analyse voordat de bouw begint.

Een robuuste set voor integratie, analyse en communicatie tools helpt teams beter coördineren disciplines, conflicten oplossen en plannen van projecten voor de bouw of renovatie begint. Navisworks ondersteunt gebouw informatie Modeling (BIM) voor het gebouw en de infrastructuur, evenals de 3D model-based design voor proces- en elektriciteitscentrales.

Met Autodesk Navisworks vrijheid, kunt u alle simulaties en -uitvoer opgeslagen in NWD-indeling weergeven. Navisworks vrijheid biedt ontwerpers een onschatbare waarde communicatiemiddelen maken gecomprimeerd, veilige en streamable project overzicht bestanden met de indeling NWD. Een praktische oplossing voor streaming grote CAD modellen, NWD bestanden vereisen geen model voorbereiding, derde-partij serverhosting, setup tijd, of lopende kosten. Bestanden kunnen ook worden bekeken in 3D DWF-formaat. Effectieve samenwerking wordt bereikt door gemakkelijker communicatie ontwerp intentieverklaring, gezamenlijke beoordelingen van belanghebbenden bijdragen, en het delen van alle resultaten.

XoliulShader 3DS MAX

3Ds MAX arcering. De arcering, de presets, de cubemaps en voorbeeld activa volledig gratis! U moet uitvoeren als admin, max anders is er geen manier om het script te installeren zelf. Voordat u probeert installeren, ervoor zorgen u voldoen aan deze minimale vereisten: 1.3DS Max versie 2009 of hoger, 32 of 64 bit. In het geval van Max 2009 de arcering steunt 3 Omni lichten op een moment.

3 soorten schaduwen worden ondersteund: hard, zacht en gebied schaduwen!

Opmerking: alleen harde beschikbaar voor Max 2009 is.

Valve Software Half Lambert arcering kan worden toggled.

Uw Diffusemap kan worden teruggezet door een stevige kleur, waardoor instant? respraying?, gemaskerde door het alfakanaal.

Opacitymaps worden ondersteund in de Diffuse Alpha, evenals de dekkingswaarde van een wereldwijde.

Glans kaart besturingselement glans per pixel. Zelfs gekleurde glans is mogelijk, voor pearlescent effecten.

Fresnel macht bepaalt de overvloeiing van uw reflecties naar de randen.

XoliulShader ondersteunt 3 soorten van reflecties, die twee procedureel zijn en don? t vereisen zelfs een bitmap!

U kunt desgewenst uw reflecties maskeren door een afzonderlijke structuur in plaats van door de Specmap.

Voorinstellingen zijn er om dingen voor u eenvoudiger te maken. In plaats van al uw favoriete instellingen keer op keer instellen, kunt u deze nu opslaan voor later gebruik. Ook, als u niet vertrouwd zijn met de XoliulShader, u kunt bestuderen onze presets om te zien wat precies maakt ze er goed uitzien.

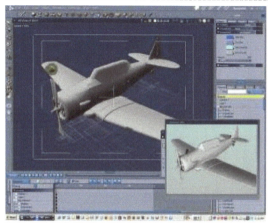

Carrara Pro Beta

U kunt dit doen alles met Carrara Pro 8 bèta. Model, UV-kaart, verf, vormen, van animatie voorzien, genereren terreinen, lucht of water, gebruik van stijve of zachte lichaam dynamiek, importeren of exporteren en renderen. Doe het allemaal met 64-bit, multi-core, multithreaded, MAC of WIN OS - allemaal binnen een enkele aanvraag tegen een betaalbare prijs. Doen het sneller, beter, en op minder kosten dan iemand anders.

Deze build kunt installeren over uw huidige build van Carrara, maar kan ook afzonderlijk worden uitgevoerd. Het QA team heeft vastgesteld dat dit is een verbetering over de vorige 8.1 productievrijgave. We zijn het verstrekken u voor uw beoordeling voordat wij het klaar voor een volledige productie-release achten.

* Animatie en Web mogelijkheden - Maak webanimaties genereren van miniaturen, hen in storyboard of formaat bekijken en maken virtuele rondleidingen met behulp van QuickTime. * Dynamische Hair - met de dynamische simulatie/modelleren haar en bont functie, kunt u tekenen, knippen, borstel en schaduw haar te Breng uw beelden tot realistische leven--- en doe het met het grootste gemak.

* Beeldbewerking Tools - 2D-afbeeldingen importeren uit een verscheidenheid van formaten, transformeren ze in 3D-objecten en opnemen in uw opnamen meebewegen.

* Oprichting en voorinstellingen landschap met de Wizard landschap - snel en

eenvoudig produceren opmerkelijk realistisch landschappen, indrukwekkende fantasie werelden en andere dynamische scènes.

Ook inbegrepen zijn voorinstellingen voor terreinen, water, luchten, rotsen, wolken, mist, en meer. ?Intuïtieve gebruikersinterface - profiteren van handige paletten te maken en objecten bewerken, scènes ontwerpen en renderen laatste beelden snel en gemakkelijk.

* Textuur Editor - gemakkelijk importeren, maken en bewerken textuur voorinstellingen en vervolgens opslaan als nieuwe texturen voor toekomstig gebruik.

* Verplaatsing Modeling - u kunt schilderen detail op een model met het grootste gemak---met behulp van vrije vorm tools---borstel, bijna alsof u waren modelleren met klei.

* Primitieve Oceaan - simulatie van de oppervlakte van de Oceaan, deze functie kan worden gebruikt om beide nog steeds en geanimeerde oceanen. U zal zitten kundig voor controle van de golven, plus de snelheid en richting van de wind.

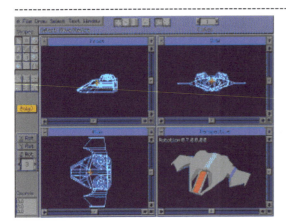

Clayworks

Versie 3.0 is een volledig afwijkt van de oudere versies van Clayworks, die nog steeds beschikbaar om te downloaden van deze site, en is in ontwikkeling voor twee jaar. De nieuwe versie heeft software en hardware rendering, een intuïtieve interface en ondersteuning voor parametrische, veelhoekig, spline en metaball primatives. Veel werk is gegaan in het maken van Clayworks een hoge kwaliteit maar voordelige oplossing voor uw 3D-modellering behoeften. Er is nog een hoop werk te doen, maar er zal een viewer applicatie en vervolgens een volledige beta test uitgebracht in de comming maanden. Clayworks sport zijn eigen, zeer flexibele, aangepaste interface die kan worden aangepast aan uw smaak. Deze interface is consequent over de verschillende platformen die Clayworks zal verschijnen op maar het is een windowed toepassing en maakt gebruik van de diensten van elk platform, zoals het klembord en drag & drop ondersteuning. De interface heeft een stevige, snelle gevoel en mist de vervelende flikkering en slugish-update problemen die al lang toepassingen geplaagd in Microsoft Windows. De aandacht voor detail in de Clayworks interface is representatief voor de manier waarop dit programma een superieur product.

Alpha-test demo

De eerste alpha test demo voor Clayworks 3.0 is avaiable voor download! Er zijn nog steeds bugs in deze versie, is opslaan uitgeschakeld en het is het missen van een paar voor de hand liggende functies (vertex samenvoegen, onderverdeling enz.). Het zal echter geeft je een voorproefje van het programma. De oude versie van Clayworks voor dos is ook beschikbaar als gratis download. Dit programma geeft niet de kwaliteit van de nieuwe versie met alle middelen, het is een oude 16-bits, 16 kleuren dos app.

U kunt nu ook downloaden van de bron voor versie 2.45. Ik ben bang dat het allemaal in pascal met een beetje van assembler, maar hopelijk vindt u het nuttig, zelfs als je dat niet doet code pascal (het is een makkelijke taal om te lezen). Lees het bestand readme.txt in het zip voor meer informatie. Ook gewoon voor de lol heb ik onder meer de allereerste versie van Clayworks (1991) te downloaden, met inbegrip van de bron. Het werd geschreven voor de good ol 'Archimedes A3000 en geschreven in

----

Amapi Pro

Amapi Pro 7.5 shareware helpt creatieve ontwerpers succesvolle resultaten te bereiken door het leveren van een uitgebreide modellering feature set en geavanceerde mogelijkheden in een natuurlijke, elegante en efficiënte 3D-werkomgeving. Amapi helpt creatieve ontwerpers succesvolle resultaten te bereiken door het leveren van een uitgebreide modellering feature set en geavanceerde mogelijkheden in een natuurlijke, elegante en efficiënte 3D-werkomgeving. Ontworpen voor een nog grotere productiviteit, Amapi bevat meer nieuwe functies en verbeteringen die Amapi gebruikers ooit had kunnen voorstellen.

Industrieel Ontwerpen: ontwerp met gemak, verken alternatieve ontwerpen Rapid Prototyping en Reverse Engineering: geweldige manier om te ontwerpen en af te drukken 3D prototypes visualisatie en presentatie: Show van je werk met veel renderings Vertalen: NURBS, oppervlakken en mesh, import en export. Volledige CAD Compatibiliteit: Amapi Pro handgrepen IGES, SAT, STL en DWG bestandsformaten die naadloos met 2D CAD-systemen voor integratie communiceren in het productieproces. Amapi Pro zorgt voor de link tussen de eerste van de ontwerper idee en de realiteit van het uiteindelijke project. Perfecte Prototypes de eerste keer: Amapi genereert waterdichte STL-bestanden, zodat u snel kunt plastic modellen van uw ontwerp te maken voor rapid prototyping, het vergemakkelijken van de tooling proces. Zodra uw ontwerp is voltooid, kunt u bouwen uw prototype! Download de 30 dagen beperkte functionaliteit demo-versie. Shop at Smith Micro!

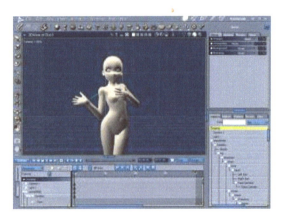

Bryce 7 Personal Learning Edition

Bryce animatie functies kunt u eenvoudig prachtige animaties voor video en multimedia. Bryce key-event en de tijdlijn-gebaseerde animatie laat u ongelooflijk realistische, volledig geanimeerde, 3D-werelden waar rivieren rush door kloven, de zon boven de oceaan, of nevel verdampt om zwermen vogels stijgende tussen bergtoppen te onthullen. Met Bryce kunt u een willekeurig type omgeving kunt u, voor ogen van de ivoren stranden van Tahiti naar de zilverachtige ringen van Saturnus. Bryce gebruikersinterface bevat alle tools die u zult nodig hebt om je omgevingen te creëren. Bijvoorbeeld, Bryce bevat besturingselementen voor het beheren van oneindige luchten waarmee u alles van tijd van de dag om de kleur en de frequentie van wolken. Met behulp van de hemel controles, kunt u ook het licht richting, zon / maan, atmosferische diepte haze (met intensiteit en kleur), hoogte mist (met de hoogte, intensiteit en kleur), en meerdere lucht kleurcomponenten. Je kunt ook Bryce besturingselementen gebruiken aan een breed scala van objecten te maken die u kunt gebruiken om uw omgeving te bevolken. U kunt gebruik maken van het Terrain editor om een oneindig aantal aangepaste terreinen, die u op hun beurt gebruiken om landschappen te creëren. Om deze geweldige software te krijgen: 1. Klik op de download link. > 2. Registreer een gratis DAZ account. > 3. Download software. > 4. Ontvang een gratis activeringscode - veel plezier!

Dystopia Stad Blokken, gratis 3D-modellen voor Poser en LightWave. DystopiaTM Stad Blokken zijn de ultieme in grootschalige stedelijke prop packs. Elke set bevat tien unieke 400 mx 400 m stadsblokken ingericht in een futuristische stijl. Deze modellen zijn bedoeld om de leemtes op te vullen in uw science fiction universum, door u te voorzien van een kant en klare stad. Dit Poser / DAZ Studio versie is voorzien van een unieke wijze omschakeling geometrie raster figuur aanpak die u toestaat om uw stad te laden in een getal en vervolgens welke stad blokkeren die u wilt weergeven op elk rooster locatie met een wijzerplaat in dat netwerk locatie te selecteren. Prop versies van elk blok zijn ook aanwezig, voor het geval u liever werken met rekwisieten. De rekwisieten zijn eenvoudig te regelen, omdat een ieder is precies een Poser unit breed. Vrije Stad Blokken 011 tot 020 voor LightWave 7.0 of hoger. Of u nu van plan bent om te verdwalen in het of ontdekken, bevolken het of vernietigen het --- Dystopia is de Ulitimate in grootschalige stedelijke omgevingen. Vereist Lightwave 7.0 of hoger. 10 woonblokken in LightWave (LWO) Formaat van een verzameling van 100. Alle structuren zijn individueel opgedoken voor een hoger niveau van aanpassing.

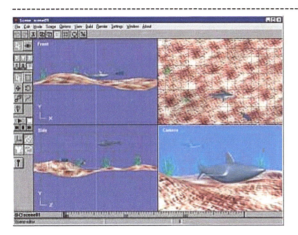

Anima8or

Anim8or is een 3D-modellering en karakter animatie programma dat werd geschreven over de afgelopen paar jaar, 3D graphics, animatie en programmering. Hoewel het is verre van een complete professionele level applicatie zoals 3DStudio MAX of Lightwave, zijn wij van mening dat het genoeg vermogen om van nut voor anderen heeft. 3D Modeler - Creëer en wijzig 3D-modellen. Ingebouwde primitieven zoals bollen, cilinders, Platonische lichamen, enz.; mesh-edit en onderdeel; splines, extrusie, gedraaide, modifiers, schuine rand en verdraaien, ondersteuning voor TrueType fonts - 2D-en 3D geëxtrudeerd tekst voor elke TrueType lettertype. OpenGL gebaseerde real-time werking, Import en aanpassen .3 DS (3D Studio),. LWO (Lightwave), en. OBJ (Wavefront) object bestanden, Export .3 DS-bestanden. Anim8or is een 3D computer animatie programma dat is ontworpen om eenvoudig creëren van animaties mogelijk te maken. U interactief maken en bewerken objecten, figuren en scènes direct op de computers scherm. De basis interface is vergelijkbaar met de meeste 3D-animatie en CAD-programma's.

Andere functies

Je bestuurt de verschillende aspecten van uw werk met behulp van een gewone computermuis of tablet. U selecteert en sleept, roteren, schalen en plaats er geen voorwerpen door te klikken in de verschillende weergaven van uw werk. Er zijn twee werkbalken die u kunt gebruiken voor algemene taken. De een aan de bovenkant van de heeft knoppen voor algemene commando's die worden gebruikt in Anim8or, terwijl de een aan de linkerkant kunt u uw werkwijze te veranderen voor veelvoorkomende taken in de stroom die u gebruikt. De gebruikelijke menu is er voor minder vaak gebruikte taken.

U kunt de weergave van uw objecten te beheren om te zien hoe ze verschijnen aan de voorkant, links, boven, achter, perspectief, etc., en je kunt zien of meerdere views of een enkele weergave op uw scherm.

Er zijn vier belangrijke werkmodi, en een object-browsing-modus. Ten eerste is er een object editor waarmee bouwen (meestal) statische objecten.

tweede is er een figuur of teken editor. U gebruiken om de structuur van een teken dat u wilt animeren door het aansluiten van jointed botten bij elkaar, en voorwerpen om ze te definiëren. U kunt elke verbinding verschillende manieren waarop ze mogen bewegen en beperken het bereik, net als uw elleboog of schouder kunt alleen op een bepaalde manier te geven.

Ten derde is er een beweging of sequence editor. Hier kunt u segmenten van de beweging als een cyclus van een wandeling. Deze kunnen dan worden gekoppeld in ketens in de scene editor voor langere sequenties

----

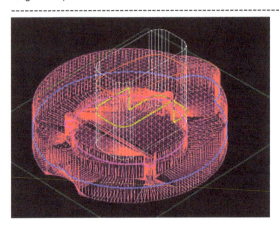

3DINTERSECTION for AutoCAD

30-day trial.This application will allow you to obtain intricate results when using AutoCAD.3.6 An application for AUTOCAD 2002-2008, which determines the intersection curves between 2 sets consisting of 3DFACE or 3DMESH entities. The outcome of this operation will be represented by 3DPOLY entities.

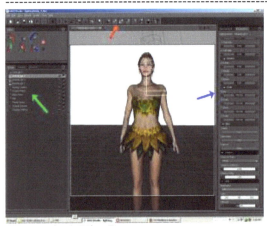

Stephanie 4 Elite Base

De veelzijdige, elegante, veelzijdige neef van Victoria 4 is eindelijk gearriveerd! Deze nieuwe Stephanie wordt geleverd met een groot aantal morphs en presets die kunnen worden ingezet aan vrijwel elke denkbare figuur te creëren. Gebouwd met dezelfde Unimesh als Victoria 4, kan ze gebruik maken van veel van de producten die ook gebaseerd zijn op Victoria 4 zoals morphs, poses en texturen. De investering die u hebt gemaakt in V4, Aiko 4, V4 Elite, en de Girl 4 betaalt grote dividenden met Stephanie 4 Elite. De Stephanie 4 Elite Base product bevat een verbazingwekkend aantal van Elite-niveau volledige en gedeeltelijke body morphs, negen hoofd morphs, 18 poses, vijf lichaam presets, en vorm van het lichaam Puppeteer presets. Wet je aan en voeg deze veelzijdige schoonheid aan uw runtime vandaag! Daarnaast items gemaakt voor Victoria 4, Aiko 4, V4 Elite, het Meisje 4, of Stephanie 4 kan worden gemaakt om elkaar te passen met minimale aanpassingen door DAZ 3D en onze Gepubliceerd Kunstenaars, wat betekent Stephanie 4 zal een aanzienlijke kledingkast vanaf het begin. Dat is de kracht van Unimesh DAZ 3D's. Om te krijgen deze geweldige software: 1. Klik op de download link. > 2. Registreer een gratis DAZ account. > 3. Download software. - Veel plezier!

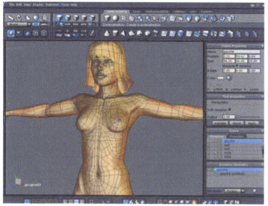

Hexagon

Hexagon gratis 30 dagen shareware. Een geavanceerde omgeving te creëren Kant-en-Rendering modellen Model: Van onderverdeling modelleren tot geavanceerde oppervlakte bouw-tools en volumieke operaties, Hexagon biedt meerdere polyhedral 3D-modellering technieken, waardoor zorgeloos modellering van alle vormen van eenvoudig tot ingewikkeld. Kant-en-maken: Exporteer uw volledig voorbereid model om Carrara, Hexagon \ 's 3D-rendering metgezel of of naar andere producten ter ondersteuning van standaard 3D-bestanden, om shaders, set-up verlichting en omgevingen af te ronden, en ontwikkelen fantastische beelden van de meest geïnspireerde modellen. Texturing: Kies uit de indrukwekkende reeks vooraf gedefinieerde texturen, die door Spiral Graphics Genetica? 2,5, of texturen importeren en te gebruiken multi-channel 3D borstels om uw model te schilderen. Voorbeeld: Een Geavanceerd voorbeeld motor, met inbegrip van ambient occlusion, real-time schaduwen en geavanceerde lightmaps ondersteuning, levert onmiddellijke maakt van volledig gedetailleerde en gestructureerde modellen.

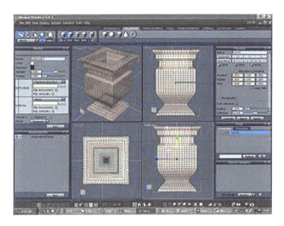

Hexagon 2,5 beperkte tijd gratis

Grote modeling programma dat ontwerpers het maken van 3D-objecten met behulp van uit de vrije hand borstel-achtige gereedschappen laat. Deze modellering tools kunnen kunstenaars beeldhouwen 3D-modellen van tekening, onbezonnen, knijpen, uit te breiden en afvlakking van de vrije hand borstel geometrie. Grafisch tablet gebruikers kunnen ontwerpen met een indrukwekkende nauwkeurigheid en plasticiteit. De innovatieve 3D-verf-en UV-mapping tools, zal ontwerpers snel gebruik maken van texturen door uit de vrije hand borstels, geïmporteerd texturen of vooraf gedefinieerde texturen. Hexagon kan doen! -Architectuur objecten ontwerp - organische objecten ontwerp -Bouw en hergebruiken je eigen 3D-elementen - Syndicaat uw 3D-objecten in verschillende creaties -Wijzig bestaande 3D-modellen - Fashion 3D-titels, berichten en logo's DAZ Studio Bridge kunt u modellen maken rechtstreeks vanaf DAZ Studio en terug. Wijzigen en uw model in Hexagon morph en export terug naar DAZ Studio U kunt uw volledig voorbereid model te exporteren naar Carrara die Hexagons 3D-rendering helper of andere rendering software ondersteuning typische 3D-bestanden, om shaders, set-up verlichting, en omgevingen af te ronden, en ontwikkelen van prachtige beelden van de meest enthousiast modellen.

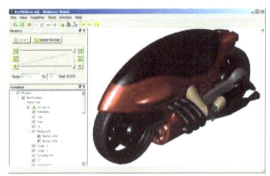

Balancer Lite

Atangeo Balancer is een tool die uw 3D-veelhoekige modellen zet in evenwicht. Met Balancer kunt u snel en eenvoudig je perfecte balans tussen vormgeving en het aantal polygonen. Balancer maakt gebruik van een hoge kwaliteit veelhoek reductie (aka mesh vereenvoudiging) om het uiterlijk van uw model te behouden.

Het model heeft, normals, textuur coördinaten, laag grenzen zijn allemaal gehonoreerd. Optimaliseer uw modellen nog verder drastisch te versnellen weergave van uw modellen.
Balancer is voorzien van een snelle en efficiënte driehoek herschikking die kan worden afgestemd op de verschillende rendering methoden zoals driehoek strips en array / buffer based rendering.
Balancer Lite is een gratis versie. Het is volledig functioneel, maar werkt met kleine mazen alleen.

3D GameStudio

3D GameStudio Conitec Met honderden gepubliceerde titels, 3D GameStudio is de marktleider authoring suite voor 2D-en 3D multimedia projecten, in het bijzonder computergames. Het is niet alleen een game-engine. Het is een compleet systeem voor ontwikkelingssamenwerking. Het combineert de C-Script programmeertaal met een high-end 3D-engine, een 2D-motor, een physics engine, niveau, terrein en model editors, en enorme bibliotheken van 3D-objecten, kunstwerken en kant-en-klare games. Het was nog nooit zo eenvoudig om 1e persoon spelen, 3e persoon games, role playing games, side scrollers, flight simulators maken, board games, sport games, real-time presentaties, virtuele tentoonstellingen .. of een ander 3D of 3D project je je kunt voorstellen! GameStudio is voor iedereen. Het biedt drie niveaus van spelen maken: Klik samen simpele spelletjes uit voorgemonteerde script templates. Programma commerciële games in C-Script met behulp van de ingebouwde compiler en debugger. Neem de Gamestudio motor in uw software met behulp van de VC + + of Delphi-interface. Games authoring systemen zijn de toekomst van het programmeren van spelletjes. Zelfs zonder kennis van programmeren, door het volgen van de stap-voor-stap handleiding een eenvoudige handeling spel kan worden ingebouwd in een middag. Met behulp van de scripttaal kan spelen in commerciële kwaliteit worden gemaakt, met succes gepubliceerd en verspreid. Als u meer wilt weten over GameStudio de mogelijkheden kennen, probeer dan de demo's, een bezoek aan de Galerij, lees de veelgestelde vragen en de recente uitgave van het Gebruikers Magazine.

Minimale eisen:

P3-500 (512 + MB), 3D-videokaart (32 + MB), geluidskaart. Aanbevolen: Shader 2.0-ondersteuning. Windows ME / 2000 / XP / Vista en DirectX 9.0c of hoger. Ondersteunde bestandsformaten: FBX, 3DS, X, OBJ, ASE, MAP, MDL, MD2, FX, BMP, PCX, TGA, JPG, DDS, WAD, MID, WAV, OGG, MP3, MPG, AVI. Meer formaten via 3rd party importfilters.
Alle edities: Nieuwe lite-C programmeertaal (compatibel met C-Script), snelle ABT renderer, atlas in kaart brengen, onbeperkt dynamische verlichting, onbeperkt physics engine, dynamische schaduwen, FBX import, niveaus-van- detail, onbeperkt schermresolutie, botten animatie, 3D-lijntekening en nog veel meer nieuwe motor functies. Commercial: Render to texture, volledige scène antialiasing, 8 netwerk spelers. Pro: Meerdere botten per vertex, automatische LOD generatie, het proces-modus-ondersteuning.

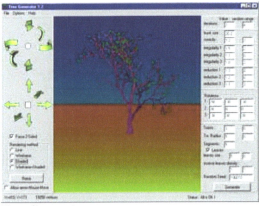

TreeGenerator

Tree Generator is software voor het maken van 3D-bomen. U kunt dan exporteren in een. Dxf-bestand in uw favoriete raytracer, of opnemen in uw beste natuur scènes.

De boom kan worden geëxporteerd in. DXF .3 DS-formaat (voor Autocad, 3dsmax .... en de meeste 3D modelers en raytracers) en in TGF-formaat (Boom Generator File:. slaan alle parameters - Alleen in de geregistreerde versie). Er zijn 4 verschillende 'rendering' methoden:

- Lijnen: voor trage computers: het toont alleen het "skelet" van de boom.
- Wireframe: Het toont de "huid" van de boom.
- Schaduw: Het toont de "gekleurde huid" van de boom. Het kan traag als er veel polygonen.
- Schaduw + Wireframe: Het helpt je te zien polygonen vorm en de vorm van de boom (kan ook zijn traag). Bovendien kunt u een gekleurde achtergrond met behulp van "Options" -> "Weergaveopties" eisen, zodat de productiviteit kan springen naar een nieuw niveau als de kunstenaar is volledig gegrondvest in de Modo omgeving.

Andere functies

Bomen worden gedefinieerd door parameters die 3 "kinderen takken" elke keer een tak wordt gegenereerd beïnvloeden. En de generatie duren tot "iteraties" is bereikt.

- Iteraties: u kunt een boom gewoon te maken met slechts 1 of 2 niveaus van takken, maar je kunt een boom ook te maken met maximaal 8 niveaus van takken: elke tak heeft 3 kinderen takken, en dat tot 8 keer. De willekeurige mogelijkheid: u kunt een boom met soms 2, of soms 8 niveaus van bijkantoren op te richten .. Gewoon geven 2 als vaste waarde, en 6 als willekeurige waarde ...
- Trunk size: oorspronkelijke grootte van de boom ...
- coniciteit: een hoge waarde zal takken te verminderen veel. Een coniciteit van 1,3 of 1,5 zal uw boom er natuurlijker (u kunt ook een willekeurige waarde).
- Onregelmatigheid: de term is niet echt geschikt ... Het betekent dat een "onregelmatigheid" van 1,0 zal het kind tak te stellen aan het einde van haar moedermaatschappij, zal een onregelmatigheid van 2,0 instellen op de helft van haar moedermaatschappij, en een onregelmatigheid van 0,5 zal uw boom "exploderen" ... Er zijn 3 onregelmatigheid opties: een voor elk kind tak. Er is ook een willekeurig vermogen.
- Reductie: In de natuur, laatst gemaakte takken zijn kleiner (ze hebben geen tijd gehad om te groeien). In Tree Generator, kan het hetzelfde: een vermindering waarde van 2,0 zal het kind tak half zo lang als haar moedermaatschappij, een daling van 1,0 zal alle takken te maken in de boom op dezelfde grootte, enz. .. Er zijn 3 reductie waarden: een voor elk kind tak. Er is ook een willekeurig vermogen.

TrueSpace 3.2

Dit is de volledige werkende versie - niets verwijderd of kreupel, geen termijnen of watermerken. Kenmerken omvatten: Krachtige punt bewerken, smoothing, vegen, en vervorming gereedschap, verbazingwekkende metaballs en PLASTIFORM tools om organische vormen te maken, meerdere plek, lokale, en oneindige lichten; volledige physics simulatie-engine, botten, villen, en inverse kinematica voor karakter animatie. Een groot aantal bestanden in-en uitvoer formaten toe te voegen aan de flexibiliteit en compatibiliteit met andere programma's. Output formaten zijn weergegeven foto's, animaties of VRML. Een zeer actieve community biedt ondersteuning en interactie. Grote selecties van 3rd party plug-ins zorgen voor extra mogelijkheden. ! -> Download beschikbaar op download.com <-!

Andere functies

trueSpace7.5 is een krachtig hulpmiddel voor 3D presentatie, design, animatie, games en kunst. Het is ook zeer geschikt voor het creëren van content voor afstandsonderwijs en opkomende 3D sociale netwerken.
trueSpace was altijd goed bekend om zijn intuïtieve directe manipulatie gebruikersinterface. trueSpace7.5 behoudt dat, terwijl waardoor real-time collaboratieve 3D authoring van geografisch verspreide deelnemers.
We hebben veel nieuwe functies toegevoegd aan Onderverdeling Surfaces (SDS) instrumenten, waaronder gewicht verf, zachte selecties, rand en gezicht loops, en nog veel meer. Echte verplaatsing verf en zachte verf hulpmiddelen kunt u nieuwe geometrie letterlijk schilderen op een bestaand oppervlak met behulp van beeld borstels, of zelfs nieuwe vormen in totaal.
trueSpace7.5 bevat gloednieuwe, state-of-the-art karakter-editor met een full body IK / FK poseren, waar u kunt maken of bewerken van een skelet, de huid met behulp van gewicht enveloppen of vertex gewicht schilderen, visueel bewerken gezamenlijke grenzen, en wijs IK controles en positionele en rotatie-sloten als complexe controle rigs. Voor animatie heb je een dope blad voor key-frames, functie bochten editor en story editor om clips te combineren tot uiteindelijke animatie.
De nieuwe story editor maakt een naadloze integratie van key-frames met natuurkunde simulaties en procedurele animaties door intuïtieve mengen van clips. Dit niveau van integratie is nog niet eens beschikbaar in de programma's kost duizenden dollars meer. Het nieuwe animatie-systeem is eenvoudig genoeg voor een beginner op te halen toch krachtig genoeg voor een deskundige om de resultaten die ze willen bereiken met de controle die ze nodig hebben. Zelfs als je nooit van plan bent op het maken van de animatie, de mogelijkheid om je personages poseren met gemak nog te zijn een enorme hulp in uw beelden. Wij garanderen dat wanneer u de animatie en karakter editors in gebruik zien, zult u zeggen: "Ik kan dat doen!" Als u nog nooit gedacht van jezelf als animator, zul je na het proberen van deze tools!

www.studiogamesbelgium.com
www.studiogamesbelgium.nl

Auteurlaaziz

Auteurlaaziz

3d animation software

www.ingramcontent.com/pod-product-compliance
Lightning Source LLC
Chambersburg PA
CBHW041145050326
40689CB00001B/492